オールカラー図解

流れがわかる 戦国史

かみゆ歴史編集部 編著

ONE PUBLISHING

流れがわかる戦国史 目次

・年号表記については西暦、日付は旧暦表記で示す。

戦国時代年表＆主な武将の生没年一覧表

将軍・天下人	西暦	出来事
足利義教（6代）	1441	**嘉吉の変**で将軍・足利義教が暗殺される➡P6
義政（8代）	1454	関東で**享徳の乱**が始まる（～1482）➡P8
	1457	コシャマインが挙兵する➡P9
	1467	**応仁の乱**が始まり、戦乱が全国に波及（～1477）➡P10
義尚（9代）	1482	足利義政が**東山殿**の造営を始める➡P12
	1485	**山城国一揆**が起こる➡P14
	1488	**加賀一向一揆**が自治を始める（～1580）➡P16
義稙（10代）	1493	**明応の政変**で細川政元が将軍を廃する➡P18
		この頃、**北条早雲**が伊豆へ侵攻する➡P20
義澄（11代）	1507	**細川政元暗殺**される（永正の錯乱の始まり）➡P22
義晴（12代）	1523	**寧波**で大内氏と細川氏が衝突する➡P23
	1526	**「今川仮名目録」**が制定される➡P35
	1527	細川晴元・足利義維らが**堺公方府**を樹立➡P22
	1531	**細川晴元**が細川高国を滅ぼす➡P22
	1542	**斎藤道三**が守護の土岐氏を追放して美濃国主になる➡P24
	1543	この頃、種子島に**鉄砲が伝わる**➡P26
	1546	**河越夜戦**で北条氏康が上杉・足利軍を破る➡P28
義輝（13代）	1549	**フランシスコ・ザビエル**が来日する➡P30
		三好長慶が上洛して京の支配者となる➡P32
	1554	**甲相駿三国同盟**が結ばれる➡P34
	1555	**厳島の戦い**で毛利元就が陶晴賢を破る➡P36
	1560	織田信長が**桶狭間の戦い**で今川義元を破る➡P38
	1561	上杉謙信と武田信玄が**川中島**で4度目の激突➡P40

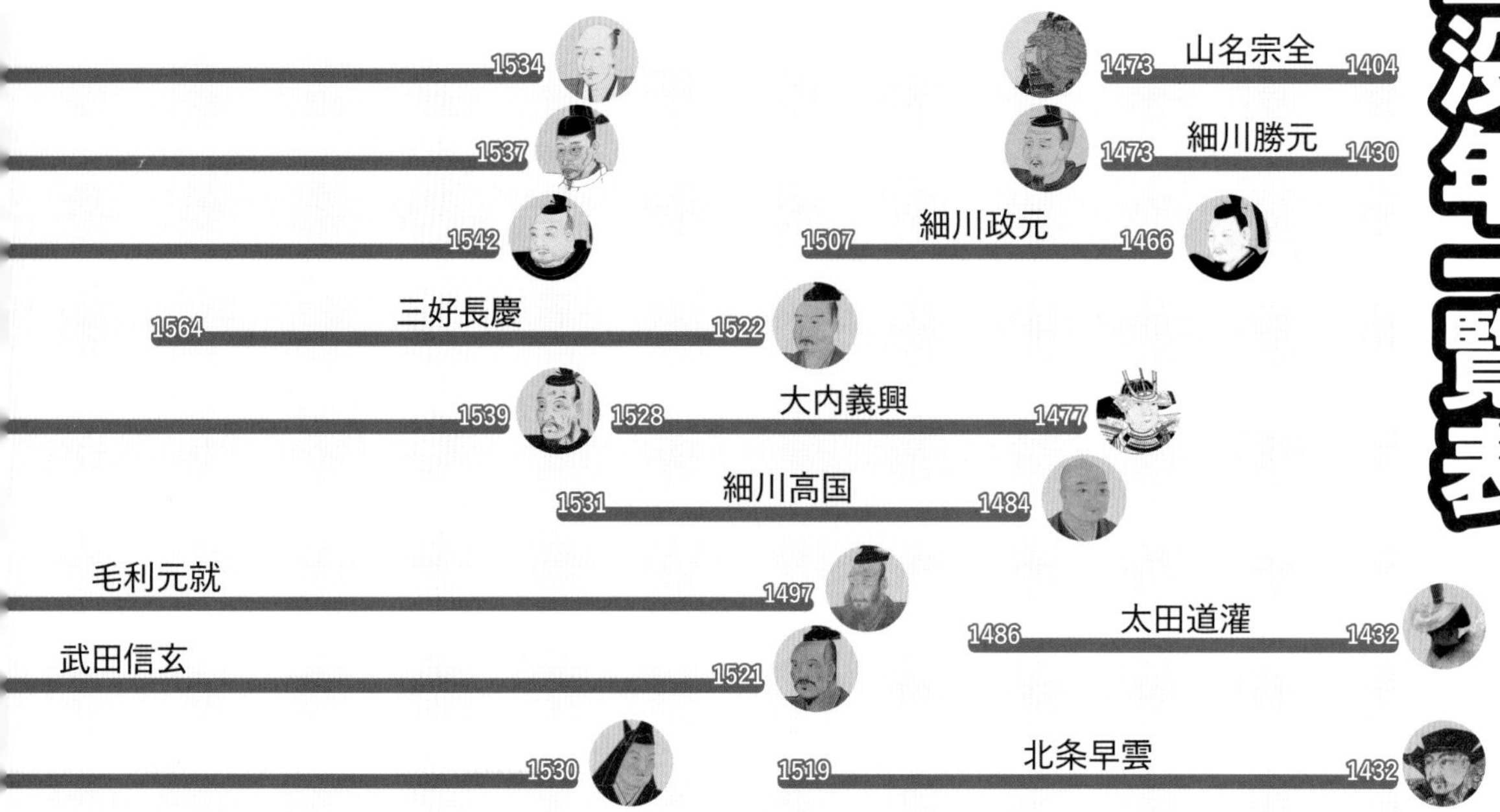

	1562	毛利元就が**石見銀山**を掌握する➡P42
	1565	将軍・**足利義輝**が殺害される➡P44
（空位）	1567	織田信長が美濃を平定し**「天下布武」**印を使用➡P46
義昭（15代）	1568	織田信長が足利義昭を擁して**上洛する**➡P48
	1570	**姉川の戦い**で織田・徳川軍が浅井・朝倉軍を破る➡P50
	1572	徳川家康が**三方ヶ原の戦い**で武田信玄に惨敗➡P52
	1573	織田信長が足利義昭を追放し**室町幕府が滅亡**➡P54
織田信長	1575	**長篠の戦い**で織田・徳川軍が武田勝頼を破る➡P56
		長宗我部元親が**土佐を統一**する➡P58
	1577	織田信長が安土城下に**楽市令**を出す➡P60
	1578	島津義久が**耳川の戦い**で大友宗麟を破る➡P62
	1580	**本願寺**が織田信長に降伏する➡P64
	1582	**本能寺の変**で明智光秀が織田信長を討つ➡P66
豊臣秀吉		羽柴秀吉が**中国大返し**を行い明智光秀を破る➡P68
	1583	**賤ヶ岳の戦い**で羽柴秀吉が柴田勝家を破る➡P70
	1584	**小牧・長久手の戦い**で羽柴秀吉が徳川家康を屈服させる➡P72
	1585	羽柴秀吉が**四国攻め**の最中に**関白**に就任する➡P74
	1587	豊臣秀吉が**九州を平定**する➡P76
	1589	**伊達政宗**が南奥羽を統一する➡P78
	1590	豊臣秀吉が北条氏を滅ぼし**全国を統一**➡P80
	1592	豊臣秀吉による**朝鮮出兵**が始まる（〜1598）➡P82
	1594	豊臣秀吉が統一基準にもとづく**検地を実施**➡P84
徳川家康	1600	**関ヶ原の戦い**で徳川家康が石田三成を破る➡P88
	1605	徳川家康が秀忠に**征夷大将軍**を譲る➡P90
秀忠（2代）	1615	**大坂夏の陣**で豊臣氏が滅びる➡P92
家光（3代）	1637	**島原の乱**が鎮圧される➡P94
家綱（4代）	1664	**幕藩体制**が確立する➡P94

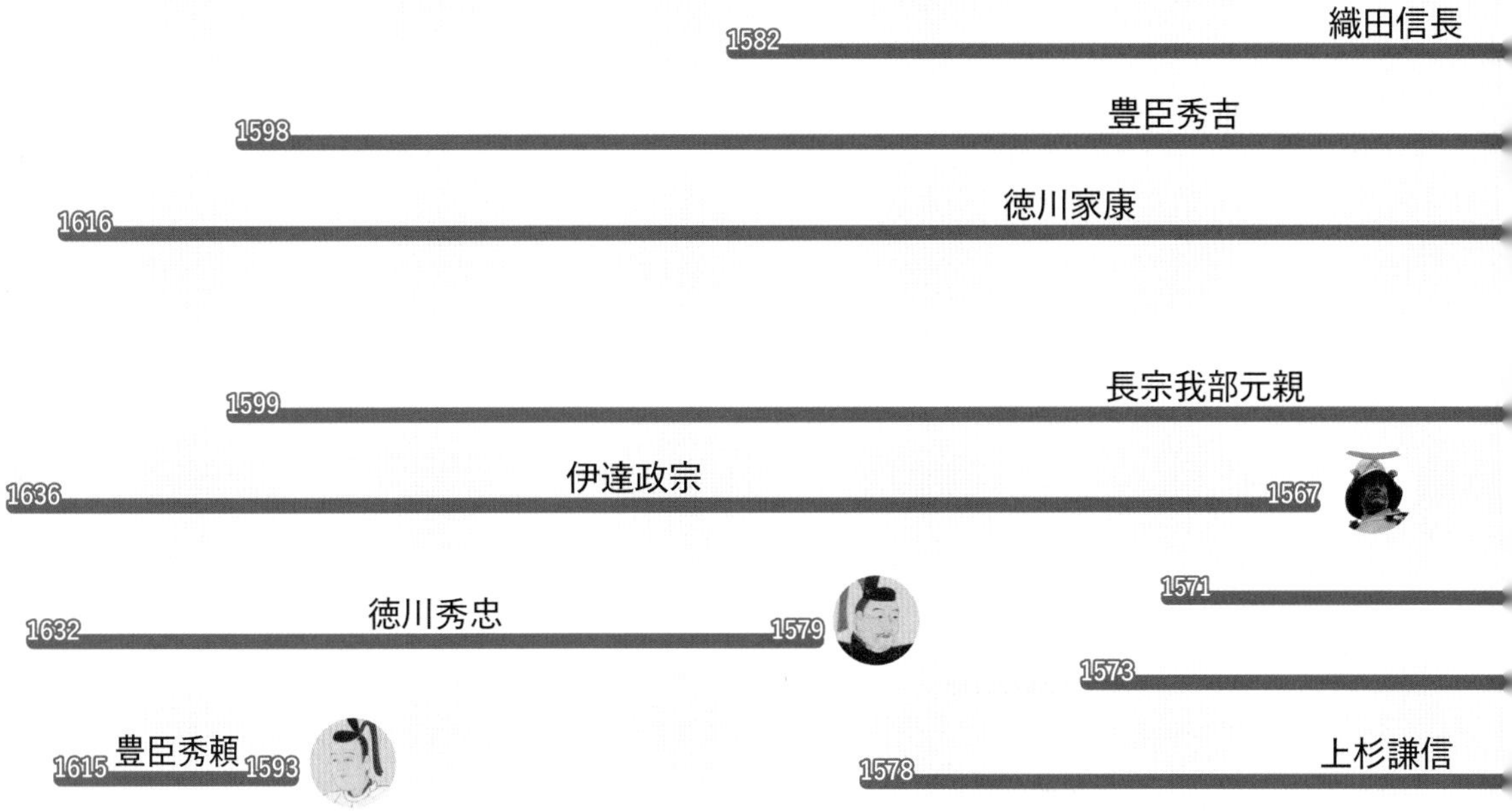

15世紀半ば

室町将軍の権威低下が社会を混乱させた

なぜ下剋上はびこる戦国時代となったのか？

地域権力が誕生して約150年続いた戦乱の世

「天下戦国の上は、諸事をなげうち、武具の用意肝要《かんよう》たるべし」。

武田信玄《たけだしんげん》が定めた「甲州法度之次第《こうしゅうはっとのしだい》」（信玄家法）に、このような一条がある。当時は「戦国時代」という呼び方はなかったが、武将たちが「**戦国の世**」と認識していたことは確かなようだ。

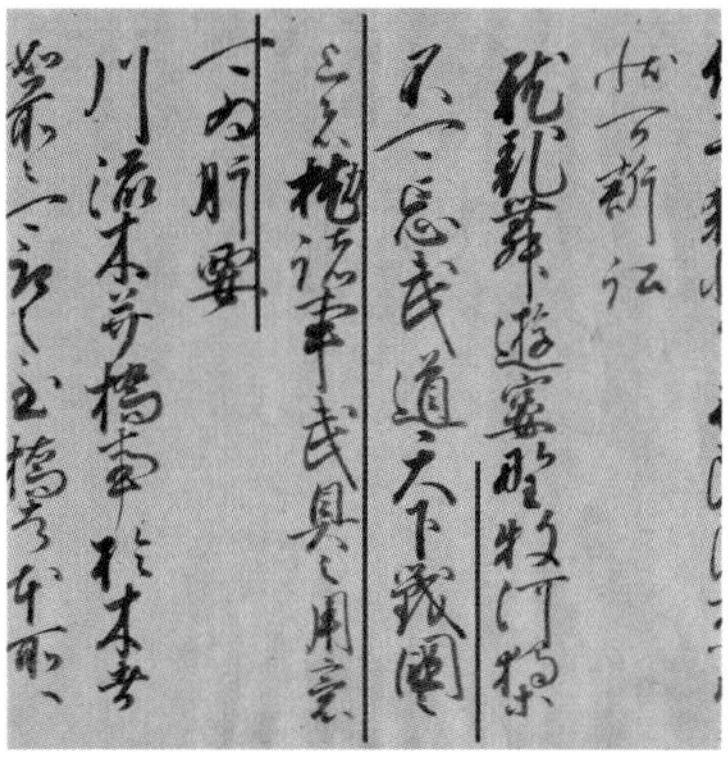

天下戦国とある「甲州法度之次第」

戦国大名が領国を統治するために定めた分国法の一つ。

東京大学法学部研究室図書室法制史資料室蔵

戦国という乱世の始まりには、いくつかの説がある。最も早い説としては、関東で鎌倉公方《かまくらくぼう》と関東管領《かんとうかんれい》が衝突した**永享《えいきょう》の乱**（1438年）や**享徳《きょうとく》の乱**（1454年）、遅いものでは細川政元《ほそかわまさもと》が将軍の首をすげ替えた**明応《めいおう》の政変**（1493年）というように、諸説となえられる。一般的な見方としては、都を舞台に11年にわたって続いた「**応仁《おうにん》の乱**」（1467年〜）の前後を始まりの時期として良いだろう。

その最大の原因は室町幕府、つまり足利将軍家の権威低下に尽きる。象徴的なのが6代・義教《よしのり》で、彼の将軍就任はくじ引きで決められたばかりか、最後は家臣の赤松《あかまつ》満祐《みつすけ》に暗殺されてしまった（**嘉吉《かきつ》の変**／1441年）。3代・義満《よしみつ》以後の12代（11人）のうち、安定した政権を続けた将軍は少なく、空位期間も通算で10年以上を数えた。それにともない、部下であったはずの管領や守護《しゅご》大名が力をつけて将軍を傀儡《かいらい》化し、幕政を意のままにした。

この結果、室町幕府の支配力は山城《やましろ》一国にしか及ばなくなり、政治の実権も細川氏から、その家臣だった三好《みよし》氏へ移り、さらには松永久秀《まつながひさひで》に移っていく。また、各地においても守護代《しゅごだい》が守護大名を倒し、国人衆《こくじんしゅう》が守護代を倒すという**下剋上《げこくじょう》**が起きるようになった。さらには国人衆や農民らによる山城国一揆《くにいっき》などの騒乱が頻発。とくに本願寺の門徒らが主導した加賀一向一揆《かがいっこういっき》は、守護大名の富樫政親《とがしまさちか》を倒し、100年にわたり大名が不在となるほどの勢いを誇った。

この頃、各地で独立的な地方政権を築く**戦国大名**が現れる。伊勢宗瑞《いせそうずい》(北条早雲)は、都から地方へ下向して力をつけ、伊豆《いず》一国を奪い、小田原城を乗っ取った。戦国大名の先駆け的な存在といえよう。やがて、その中から勝ち上がったのが織田信長であった。上洛《じょうらく》した信長が1570年代より室町幕府を解体させていくのにともない、戦国時代も収束の流れへと向かい始める。

歴史の流れ

家臣の力が大きくなり
将軍を軽視するようになる

▼▼

将軍の権威が低下して
各地で紛争が起こる

▼▼

争いが日常化する
戦国時代に突入

あらゆる階層で戦いが日常化した戦国の世が到来

1450

前期（15世紀後半）

1480

将軍権威の低下＝影響力低下

↓

守護大名 VS 国人一揆	畿内での権力争い	各地で一揆多発 一向一揆・土一揆・国一揆
↓	↓	↓
戦国大名化	戦国大名化	戦国大名化

↓

中期（16世紀前半）

1510

地域権力が成長し、群雄が割拠する時代に

16世紀半ばの主な大名配置と出自

古い権威が通用しにくくなった戦国時代には、激しい戦いを切り抜けるための強い指導力や支配者としての力が求められた。そのため守護代や国人などから身を起こした者も多く、守護出身の戦国大名も幕府に頼らない力が求められた。

1540

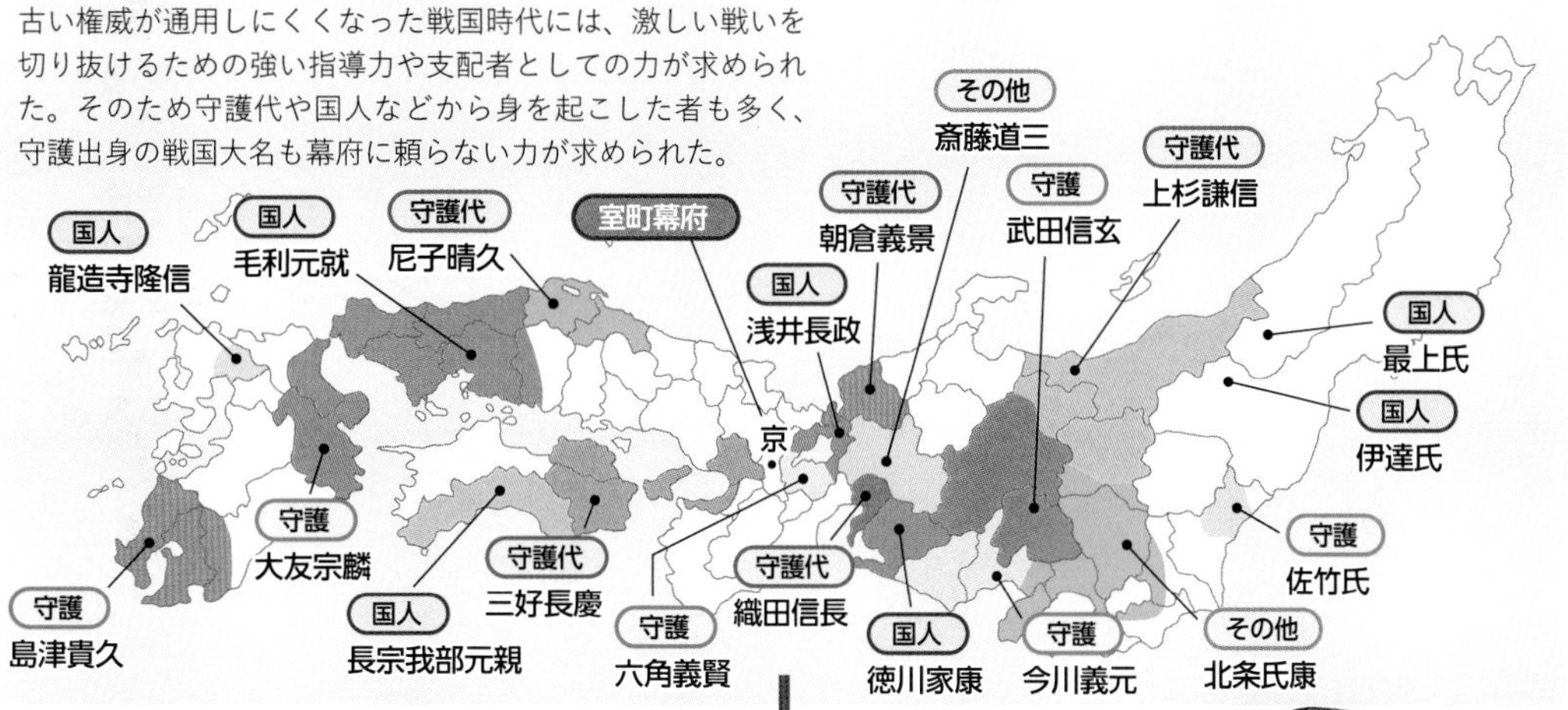

後期（16世紀後半）

1570

↓ 淘汰される

1600

有力な大名が天下を統一へ

戦国を知る

「戦国大名」とはどのような存在なのか？

約１世紀半にわたる戦国時代、各地方に割拠した統治者を戦国大名と呼ぶ。その系譜はいくつかあり、まず室町幕府に任じられた守護大名が、そのまま戦国大名に成長した例がある。それ以外は、いわゆる下剋上で成り上がった者たちである。守護代が主家の守護にとって代わった例や、在地領主の国人衆が大名化した例もある。彼らは国人・土豪層をまとめ、城下に集住させ、家臣団として組織化した。近隣の敵から領地や領民を守るため、農地開発や経済活動を活性化し、国力の増強に力を入れた。

北条早雲

［1432-1519］最初の戦国大名といわれる伊勢宗瑞（北条早雲）。

長谷山法泉寺蔵／井原市教育員会提供

１４５４年

鎌倉公方が補佐役の関東管領を謀殺する

享徳の乱が起きたのは京から遠い関東だから？

関東の三十年戦争と呼ばれる戦国の先駆けとなった争い

１４５４年12月、鎌倉公方《くぼう》の足利成氏《あしかがしげうじ》が、関東管領《かんとうかんれい》の上杉憲忠《うえすぎのりただ》を自邸に招いて誅殺した。これを発端として大規模な乱に発展、以後30年近くも東国が混乱をきわめる事態となる。これが「**享徳《きょうとく》の乱**」だ。そもそも、都から遠い関東でなぜ、このような大乱が勃発したのか。

それは室町幕府が設立当初、鎌倉に置いた**鎌倉府**に原因がある。鎌倉府は関東10カ国と奥羽《おうう》を支配下に収める幕府の出張機関で、その長が**鎌倉公方**《くぼう》（鎌倉殿とも）と呼ばれた。公方は将軍の敬称で、それに匹敵する要職といえた。源頼朝《みなもとのよりとも》が幕府を開いて以来、鎌倉は関東の要所とみられていたのである。その初代は足利義詮《よしあきら》（尊氏の子、2代将軍）の弟・基氏《もとうじ》で、以降は彼の子孫が代々の鎌倉公方を務めた。そして、その補佐役が「**関東管領**」。この要職を有力守護大名の上杉氏が代々世襲した。

しかし、所領や管領職の任命問題をめぐって4代鎌倉公方の足利持氏《もちうじ》と、関東管領・上杉禅秀《ぜんしゅう》が対立。やがて室町幕府もこの争いに介入し、関東管領を支援するようになる。そして**永享《えいきょう》の乱**（１４３８年）で、足利持氏は自害に追い込まれた。

やがて持氏の遺児・足利成氏が鎌倉公方について鎌倉府が再興される。成氏は、永享の乱で父を殺された恨みから関東管領の上杉憲忠を殺害する。冒頭のとおり、これが享徳の乱の発端だ。そして１４５５年、新関東管領となった憲忠の弟・上杉房顕《ふさあき》と従弟の上杉房定《ふささだ》は、憲忠の仇討ちのため挙兵した。

房顕は劣勢に陥ったまま没したが、房定の子が室町幕府の支援のもと成氏方と戦った。抗争のさなか、幕府方の今《いま》川範忠《がわのりただ》らが鎌倉を占拠し、やむなく成氏は下総《しもふさ》の古河《こが》へ拠点を移す。新たな鎌倉公方には足利政知《まさとも》が擁立されるも関東武士の支持を得られず伊豆堀越《いずほりごえ》に逃れた。以後「**古河公方**」の成氏と「**堀越公方**」の政知、関東管領上杉氏の激しい抗争が繰り広げられ、幕府と成氏の和睦が成立する１４８２年まで続く。関東の三十年戦争と呼ばれる所以《ゆえん》である。都から遠く、幕府の支配力が及びにくい関東では「応仁《おうにん》の乱」より10年以上前から長きに及ぶ戦乱が始まったばかりか、関東と京都の対立の構図まで生んだのである。

足利成氏軍旗

史料をもとに復元された成氏の旗。

古河歴史博物館蔵

歴史の流れ

鎌倉公方の足利成氏が
上杉憲忠を殺害

▼▼

関東の争いに
室町幕府が介入

▼▼

関東を二分する
大乱に発展する

応仁の乱に先駆けて始まった関東を二分する大乱

1471年頃の関東の情勢

当時、東京湾に流れ込んでいた利根川を挟んで東側は鎌倉幕府以前から大きな勢力が多く、西側は小さい領主が一揆を結んで連合する地域だった。そのため、独立を好む東側は古河公方に、幕府に拠り所を求める西側は堀越公方に味方した。

関東の主な内乱

1416年 **上杉禅秀の乱**
○足利持氏・幕府 VS 上杉禅秀×
⬇
1438年 **永享の乱**
×足利持氏 VS 上杉憲実・幕府○
⬇
1440年 **結城合戦**
×結城氏朝 VS 上杉憲実・幕府○
⬇
1454年 **享徳の乱**
△足利成氏 VS 足利政知・幕府△

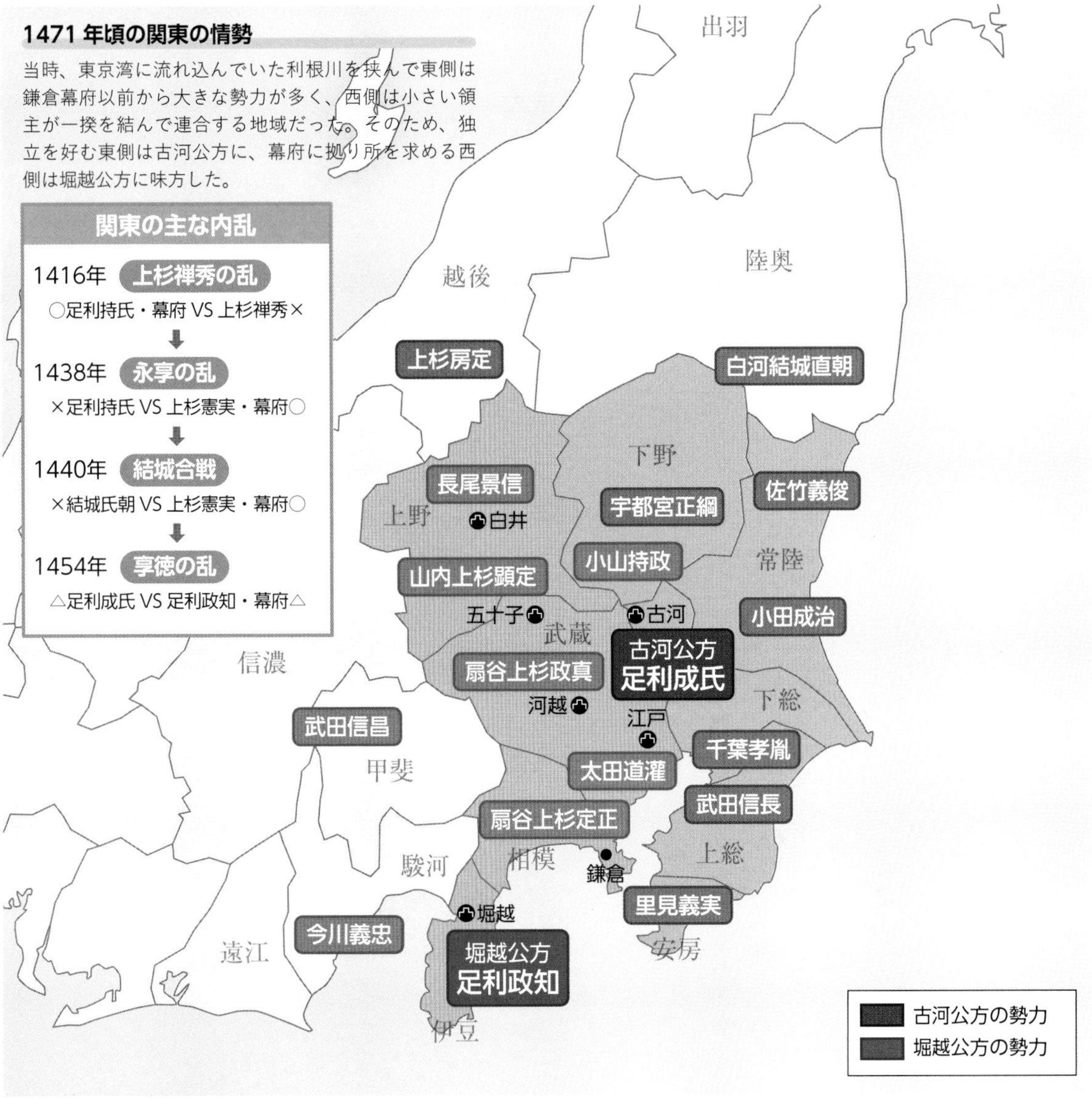

全国の出来事

蝦夷地でコシャマインが挙兵

蝦夷地《えぞち》（北海道）では、和人《わじん》（本州人）と、先住民アイヌとの間で、たびたび争乱が勃発していた。1456年春、志濃里《しのり》（函館市志海苔町）で、アイヌの青年が和人の鍛冶職人にマキリ（小刀）を注文したが、その品質や値段をめぐって口論になり、アイヌ青年が殺された。それを発端に反和人の運動が始まり、豪族のコシャマインらが和人の豪族らの拠点を襲撃した。

道南十《どうなんじゅう》二《に》館《たて》のうち10館までが攻め落とされるが、武田信広《たけだのぶひろ》がコシャマイン父子を討ち取り、和人側の勝利で乱は終わった。

約4100平方メートルの広さを土塁で囲った志海苔館。　北海道函館市

１４６７年

11年にわたる内乱の幕が開ける

なぜ後継者争いが応仁の乱に発展したのか？

畠山氏の家督争いに 細川・山名氏が介入する

京の都を主戦場に、１４６７年から11年間にわたって続いた**応仁《おうにん》の乱**。この長く大規模な内乱は、「**嘉吉《かきつ》の変《へん》**」（１４４１年）で6代将軍・足利義教《あしかがよしのり》が殺害されたことが、火種となった。これで室町幕府の体制が揺らぎ、大名たちの発言力が高まったのだ。8代将軍・足利義政《よしまさ》の代には管領《かんれい》の**細川勝元《ほそかわかつもと》**が、次期将軍候補の義視《よしみ》（義政の弟）の補佐役に任じられ、権勢を振るうようになる。また、**山名宗全《やまなそうぜん》**は将軍・義教を暗殺した赤松満祐《あかまつみつすけ》を討伐した功で、管領の細川氏に匹敵する発言力を持つにいたった。

この細川と山名の両巨頭の抗争が「応仁の乱」の発端となるわけだが、その原因は一般的に**足利義政の後継者争い**とされる。先述のとおり、義政はすでに弟の義視を後継者に指名したが、その翌年に義政の正《せい》室《しつ》・日野富子《ひのとみこ》が男子（のちの義尚《よしひさ》）を出産した。富子は我が子を将軍に据えたいと考え、山名宗全に接近。一方の義視は細川勝元に協力を仰いだという。しかし、これは富子の悪女伝説を強調するため、後世に創作されたという説もある。

乱の原因はそれだけではない。そもそも、宗全も勝元も8～9カ国の守護を務める実力者同士、衝突は得策ではない。よって宗全は自分の養女（春林寺殿《しゅんりんじどの》）を勝元に嫁がせ、婚姻関係を結んでいたほどである。

直接的な原因は、細川氏と同じ管領職にある**畠山《はたけやま》氏の家督争い**による軍事衝突に、山名氏と細川氏が介入したことのようだ。

１４６７年1月、上御霊《かみごりょう》神社（京都市上京区）で畠山義就《よしなり》軍と畠山政長《まさなが》軍が衝突する。これに際し、義就には山名宗全が加勢、政長には細川勝元が加勢した。将軍の義政は畠山氏の私闘への関与を禁じ、勝元は手を引くも、宗全は取り合わず戦いを続け、政長軍を敗走させる。これが応仁の乱の端緒であった。花の御所（将軍邸）を占拠した宗全に対し、細川勝元は畠山政長、赤松政則《まさのり》、斯波義敏《しばよしとし》などの助力を得て巻き返した。そして5月には花の御所の奪取に成功する。一方の宗全は畠山義就、六角高頼《ろっかくたかより》、一色義直《いっしきよしなお》などの助力を得て堀川の西に陣を張った（西陣《にしじん》）。このために細川軍を東軍、山名軍を西軍と呼ぶようになる。東西両軍は一進一退の攻防を続け、11年にも及ぶ抗争を繰り広げるのであった。

細川勝元

［1430-1473］東軍の総大将。16歳で管領となり、当初は山名宗全と協力関係を築いていた。

東京国立博物館蔵

歴史の流れ

家督や利権争いを
将軍では止められず

▼▼

政治決着を諦め
武力での解決を図る

▼▼

全国で争いを生み
幕府権威が失墜

複雑に絡み合った泥沼の内乱

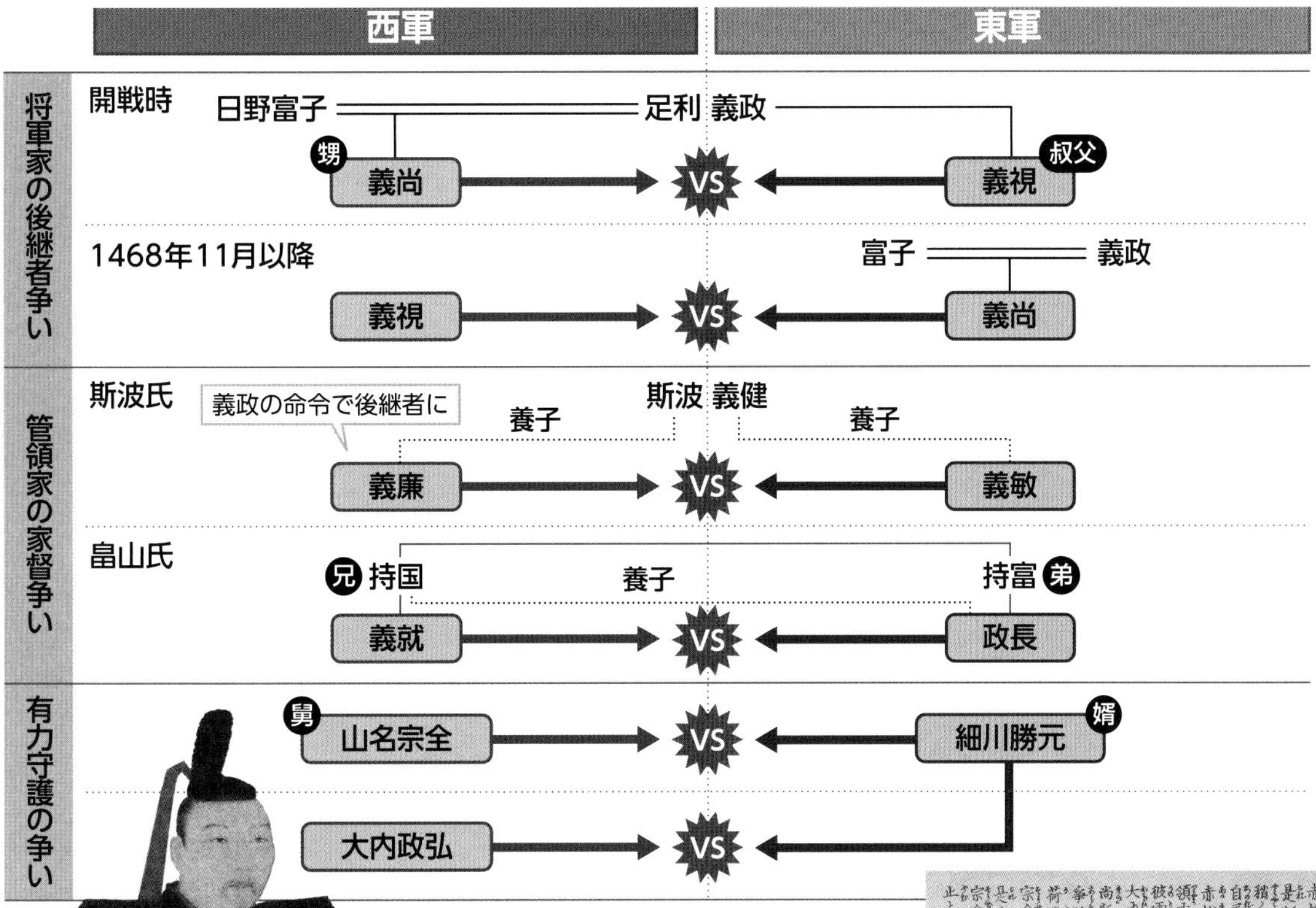

足利義政
［1436-1490］応仁の乱を引き起こした要因の一つは、義政の優柔不断さといわれている。
東京国立博物館蔵

ライバル

赤入道とあだ名された西軍総大将「山名宗全」

　山名時熙《ときひろ》の３男。宗全は出家後の法名で、諱《いみな》（本名）は持豊《もちとよ》。その面体から赤入道と称された。応仁の乱のライバルといわれる細川勝元には1447年に養女（山名熙貴《ひろたか》の娘）を娶《めあわ》せており、協力関係にあった。1466年には勝元と共謀して足利義政の側近たちを追放。義政の実権を取り上げて幕政を主導する。

　その後、畠山氏や斯波氏の家督争いに介入するが、それらの利害関係から婿の勝元と対立する。細川氏への不満を持つ大名らが宗全に味方し、宗全は盟主として彼らを束ねる存在となった。

山名宗全
［1404-1473］宗全と勝元の死後も乱は続き、４年後にようやく終結した。
刀剣ワールド財団蔵

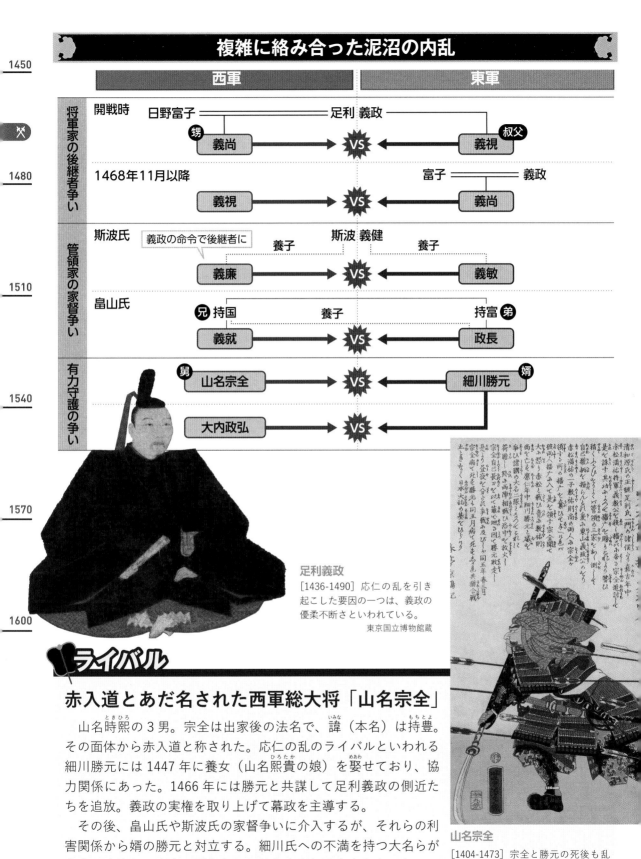

15世紀後半

「幽玄」と「侘び」を基調とする文化が誕生

足利義政がリードした東山文化とは？

慈照寺銀閣（銀閣寺）
義政が文化活動の中心にした山荘。上層は禅宗様、下層は書院造で銀箔は貼られていない。　京都市左京区

政治では成果を出せなくとも文化面で日本を変えた義政

8代将軍・足利義政《あしかがよしまさ》の将軍就任には悲劇がともなった。父の義教《よしのり》（6代）が赤松満《あかまつみつ》祐《すけ》に暗殺され、兄の義勝《よしかつ》（7代）が10歳の若さで没し、彼もまた幼くして将軍職を継ぐことになったからだ。父の義教は暴君といわれ、それが家臣の反発を招き、命を奪われた。その反動ゆえか、また幼いこともあってか、義政は側近たちに実権を握られた。在任中の応仁《おうにん》の乱（1467年～）も、イニシアチブをとれなかった。

だが、将軍職を子の義尚《よしひさ》へ譲ったあとも政治の実権は、なかなか手放さなかった。東山へ移り住んだのち義政は「**東山殿**《ひがしやまどの》」、義尚は「室町殿」と呼ばれ、相応の影響力を保つ。長く傀儡《かいらい》だった彼の矜持《きょうじ》だったのかもしれない。1482年、義政は**慈照**《じしょう》**寺**《じ》**（銀閣）**に代表される隠居所・東山殿の造営を始めた。戦乱で荒廃し、造営費の確保が難航するも義政は工事を強行。工事中に東山へ移り住み、みずから指揮にあたった。しかし、すべての完成を見ず8年後の1490年正月、55年の生涯を閉じる。

戦乱が続いた義政の治世であったが、能や茶道をはじめ**立花**《りっか》、**庭園**、**連歌**《れんが》といった多様な文化が花開いた時代でもあった。それまでの室町文化は3代・足利義満《よしみつ》が建てた鹿苑寺《ろくおんじ》（金閣）に代表される北山文化が知られた。かたや銀閣の東山文化は**幽玄**《ゆうげん》・**侘**《わ》**び**に重きを置いたものであった。

その東山文化の造成を支えたのが、多くの文化人・知識人、特別技能者であった。なかでも**同朋衆**《どうぼうしゅう》と呼ばれたのは身分的格差を解消するため僧体（僧の姿）となって義政に近侍した者たちで、能の観阿弥《かんあみ》・世阿《ぜあ》弥《み》、庭師の善阿弥《ぜんあみ》、画家の芸阿弥《げいあみ》のように阿弥号を称した。千利休《せんのりきゅう》の祖父にあたる田中千阿弥《せんあみ》という茶人もいた他、志野流香道《しのりゅうこうどう》の祖・志野宗信《そうしん》も同朋衆であったという。華道の池坊専慶《いけのぼうせんけい》、わび茶の創始者ともいわれる村田珠光《むらたじゅこう》なども同時代に現れた。

徳川将軍家伝来の初花《はつはな》、静嘉堂文庫《せいかどうぶんこ》美術館にある付藻《つくも》（九十九髪《つくもかみ》）茄子《なす》といった現代に伝わる茶器が有名である。東山文化は義政の時代に育まれ、その中心が義政晩年の山荘・東山殿だったのだ。東山で生まれた文化は中央から地方の農村へ流れ、またそれが還元されて洗練を重ねた。義政の文化面での功績は評価されて然るべきだろう。

歴史の流れ

家臣の力が大きくなり
義政は芸術に没頭する

▼▼

幽玄・侘びを重視した
東山文化が花開く

▼▼

文化が地方へ流れ
洗練を重ねて発展

禅の精神が文化に反映され芸術に昇華する

連歌 和歌を上の句と下の句に分け、一座の人びとが交互に詠み続ける連歌が流行。連歌師という職業も生み出した。『慕帰絵々詞』にその様子が描かれている。諸国を廻る彼らは、情報の伝達やネゴシエーションなど連歌以外でも活躍した。 国立国会図書館蔵

同朋衆 同朋衆を描いた唯一のものとされる「足利義持参拝絵巻」。剃髪の人物3名が同朋衆である。
若宮八幡宮社蔵 / 京都市歴史資料館提供

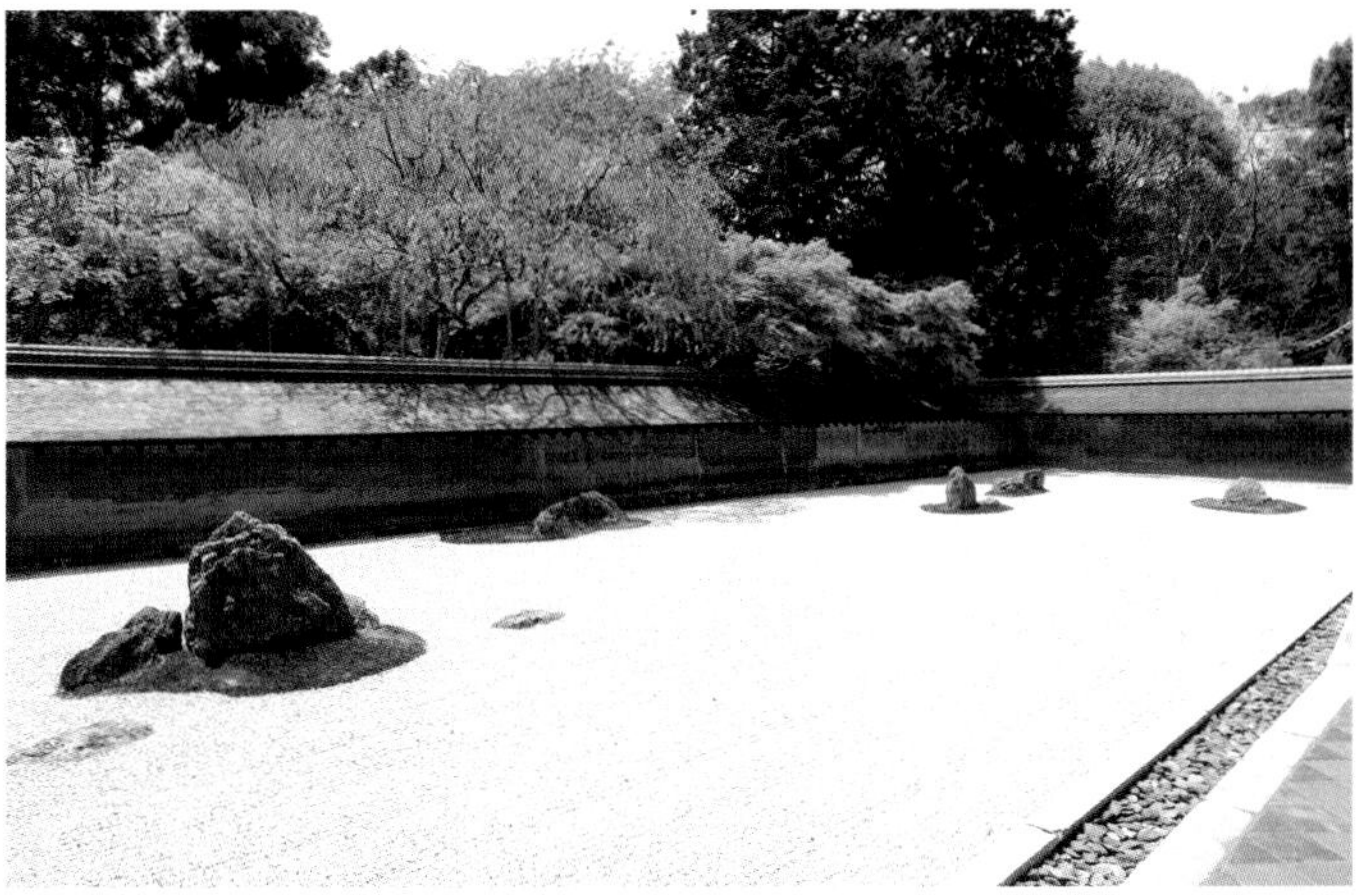

庭園 心を統一して真理を探求する禅の精神は、庭園様式にも反映されている。岩や砂利で自然の風景を表現した枯山水である。龍安寺石庭はその代表的な庭園の一つ。 京都市右京区

水墨画 中国画からの影響を受けつつ、日本独自の水墨画様式を確立した雪舟。「秋冬山水図」はその傑作とされ、秋と冬の2幅からなる。本図はその秋景である。 東京国立博物館蔵

戦国の文化人

型にはまらない生き方を貫いた「一休宗純」

一休宗純《いっきゅうそうじゅん》は、室町時代中期に活躍した臨済宗《りんざいしゅう》の僧である。一説に後小松《ごこまつ》天皇の落胤《らくいん》といわれる一休は、放浪しながら布教活動を行う傍ら、詩人としても名をなした。一方で女性を愛したという僧らしからぬところもあり、彼の詩集『狂雲集《きょううんしゅう》』には森侍者《しんじしゃ》と呼ばれた盲目の美女への愛情詩が多く綴られる。

応仁の乱のさなかの1474年、後土御門《ごつちみかど》天皇の勅命《ちょくめい》で京都・大徳《だいとく》寺《じ》の住持に任ぜられ、荒れ果てていた境内の再興に尽力。塔頭《たっちゅう》の真珠庵《しんじゅあん》は一休を開祖として創建されたものだ。

一休宗純
[1394-1481] 反骨精神が風貌にも表れた一休。
東京国立博物館蔵

1485年

応仁の乱の余波で農村が疲弊し一揆を結成する

山城国一揆はなぜ教科書で取り上げられるのか?

横暴な畠山両軍を除くため 国人・農民層が立ち上がる

「今日山城国人《やましろこくじん》集会す。上は六十歳、下は十五六歳と云々《うんぬん》。同じく一国中の土民等群《どみんらぐん》衆《しゅう》す」。

この一文は奈良大乗院《だいじょういん》の僧・尋尊《じんそん》が書き留めた記録(『大乗院寺社雑事記《じしゃぞうじき》』)にあるものだ。1485年に起きた**山城国一揆《くにいっき》**に参加する武士の他、**惣村《そうそん》**の民衆らの大集会の様子を伝える貴重な史料である。メンバーの中心は成人に達した国人(在地領主)たちであったが、他に惣村の農民らも集まり、畠山《はたけやま》両軍の撤退要求について相談した。惣村とは力をつけた農民たち(地侍《じざむらい》とも)による**自治体**のことである。

応仁《おうにん》の乱が収束したあとも山城・摂津《せっつ》・河内《かわち》・大和《やまと》などでは紛争が続いた。この山城国の南部(南山城《みなみ》)でも**畠山義就《よしなり》**(西軍)と**畠山政長《まさなが》**(東軍)が、相も変わらず武力衝突を続けていた。その影響で繰り返し人夫や兵糧米の徴発《ちょうはつ》があり、国人衆や農民は疲弊しきっていた。どうにか紛争をやめさせようと彼らが協力しあって行動を起こしたのが「山城国一揆」である。一揆は武力蜂起のイメージが強いが、本来は一つの目標に向けて行動する共同体のことだ。その中で、惣村が起こすものは**土一揆《つちいっき》**、在地領主である国人たちが主導したものは**国一揆**という。山城国一揆は国一揆だが、そこに惣村の民が加わった大規模なもので、**惣国《そうごく》一揆**ともいう。

交渉は難航したが、両軍は兵を退いた。こうして「三十六人衆」と呼ばれる国人の代表者たちが月行事《がちぎょうじ》を定める形での自治支配を勝ち取ったのだ。この体制を「惣国」と呼ぶ。守護《しゅご》に頼らず、自治の形で行おうとしたのである。だが、半済《はんぜい》という税制をめぐって賛否が起きた。半済とは住民が荘園領主に納める年貢米のうち、半分を惣国に納めるというもので、その分を国内運営にあてようとしたのだ。だが、武士たちを担い手とする惣国、農民たちを構成員とする**惣荘《そうしょう》**は結局、取る側と取られる側という関係性を生み、それが亀裂となった。また惣国の中でも、都で起きた**明応《めいおう》の政変**(1493年)の影響を受け、細川派と畠山派に分かれてしまう。結果、惣国は名目上の守護であった伊勢貞陸《いせさだみち》に従うことを余儀なくされ、自治を捨てた。こうして8年も続いた山城国一揆は終焉《しゅうえん》を迎えた。

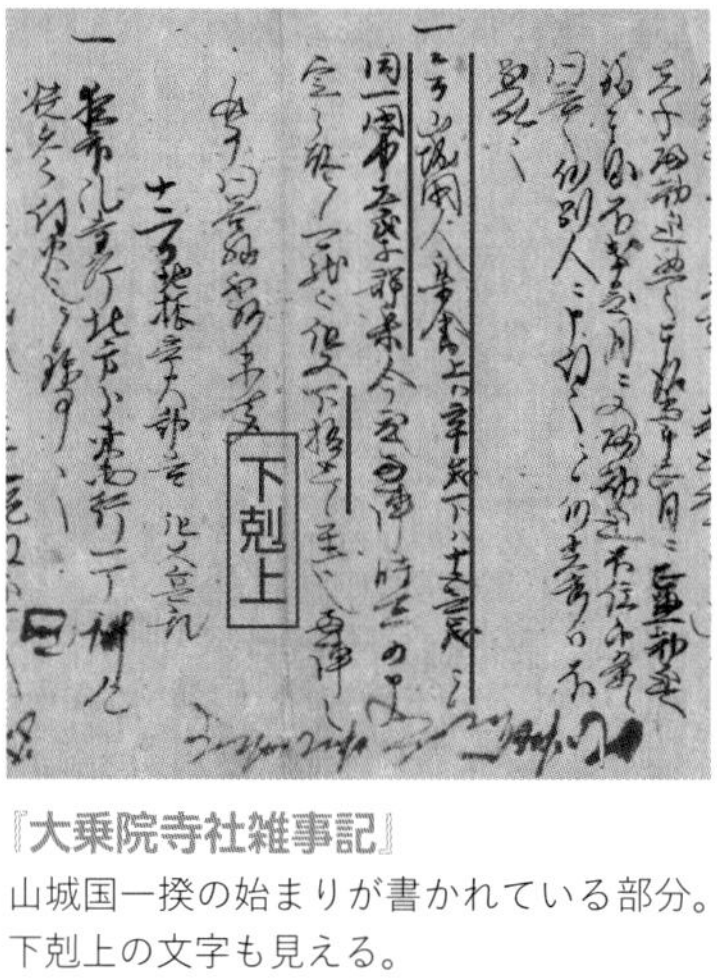

『大乗院寺社雑事記』
山城国一揆の始まりが書かれている部分。下剋上の文字も見える。

国立公文書館蔵

歴史の流れ

応仁の乱後も畠山氏の争いが続く

▼

国人・農民が結束し畠山氏を追い出す

▼

約8年間自治を行うが仲間内に亀裂が入り解体

1450
1480
1510
1540
1570
1600

畿内周辺の主な国一揆と土一揆

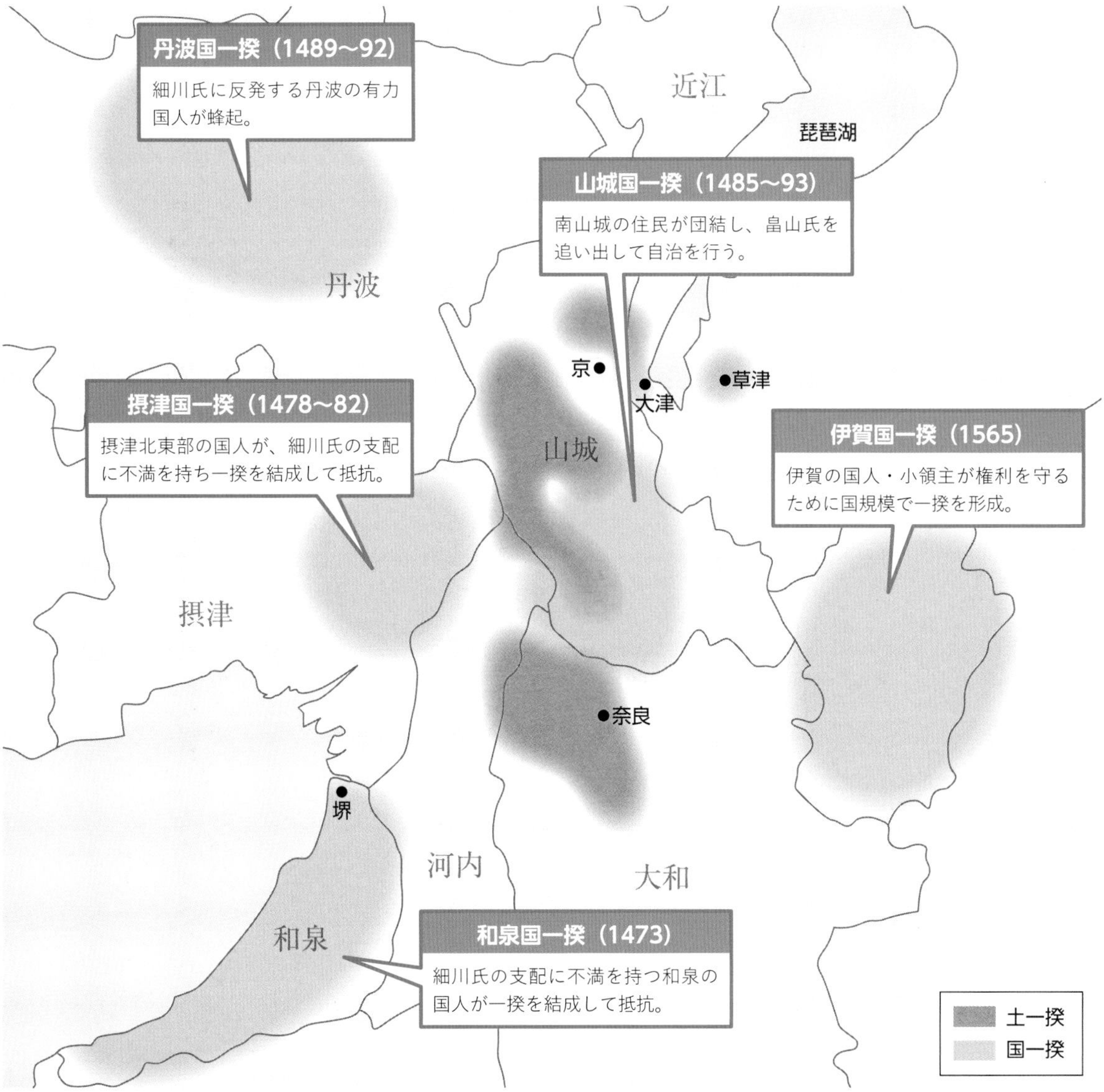

丹波国一揆（1489～92）
細川氏に反発する丹波の有力国人が蜂起。
近江
琵琶湖
山城国一揆（1485～93）
南山城の住民が団結し、畠山氏を追い出して自治を行う。
丹波
京
大津
草津
摂津国一揆（1478～82）
摂津北東部の国人が、細川氏の支配に不満を持ち一揆を結成して抵抗。
山城
伊賀国一揆（1565）
伊賀の国人・小領主が権利を守るために国規模で一揆を形成。
摂津
奈良
堺
河内
大和
和泉
和泉国一揆（1473）
細川氏の支配に不満を持つ和泉の国人が一揆を結成して抵抗。
土一揆
国一揆

全国の出来事

ギルドにたとえられる堺や博多の商人

古くから都に近い漁業集落として栄えた堺だが、さらに大きく発展したのが応仁の乱以後のことだ。西軍の大《おお》内政弘《うちまさひろ》が西の兵庫湊を占拠したため、日明貿易の発着港が堺に移ったからである。堺は琉球貿易・南蛮貿易の拠点となり、国際貿易都市としても重視された。

この堺の他、伊勢《いせ》の大湊《おおみなと》にも会合衆《えごうしゅう》があり、博多にも年行《ねんぎょう》司《じ》と呼ぶ同様の組織があった。これらは西欧中世の都市に成立した、特権的な組織「商人ギルド」にも似る。

会合衆の会所があったと考えられる開口神社。
大阪府堺市

1488年 加賀の一向一揆が始まる

100年にわたり戦国大名を脅かした一向一揆とは何か？

織田信長と死闘を演じた本願寺門徒の結束力

戦国時代、「仏を信じ念仏を唱えれば悪人でも極楽へ行ける」と説いた**浄土真宗**《じょうどしんしゅう》が急速に広まった。本願寺《ほんがんじ》が居を構える近畿をはじめ、主要な布教先であった北陸や東海地方は、とくに信徒が多かった。その地の地侍《じざむらい》や農民らが**信仰**で結ばれ、各地で一揆を起こして大名たちに立ち向かったのである。本願寺・浄土真宗が一向宗《いっこうしゅう》とも呼ばれたことから「**一向一揆**」と呼ぶ。なかでも加賀《かが》で起こった一向一揆は、規模、期間とも最大のものだった。

本願寺は、13世紀後半に京都東山に建立されたが、１４６５年に対立していた比叡山延暦寺の衆徒《しゅうと》に破壊される。８代目法主《ほっす》の蓮如《れんにょ》は三河《みかわ》、次いで越前吉崎《えちぜんよしざき》へ逃れ、それらの地を新たな布教の場とした。蓮如が畿内へ戻り、大坂本願寺を建立したあとも、北陸では信徒らが活発な動きを見せた。

一向宗が広まることを恐れた加賀の守護・富樫政親《とがしまさちか》は、これに弾圧を加える。しかし１４８８年、一向宗は逆に高尾城《たかおじょう》を攻め、政親を自害に追い込んでしまった。こうして守護が倒れた加賀は、以後１００年近くにわたって「百姓の持ちたる国」と呼ばれた。**加賀一向一揆**の勃発である。

本願寺の強勢は、実は幕府重鎮との**縁組政策**が背景にあった。９代目法主の実如《じつにょ》も、細川勝元《ほそかわかつもと》の子で「半将軍《はんしょうぐん》」とまで呼ばれた細川政元《まさもと》との関係を深めた。政元は１５０６年に河内《かわち》の畠山義英《よしひで》（義就《よしひろ》の孫）を攻める討伐軍に本願寺宗徒を加えるよう実如に要請した。ところが河内の信徒たちはこれに応じなかった。実如は、代わりに忠実な信徒が多い加賀の一向一揆勢を動員した。このように政元を後ろ盾とし、彼の政敵を攻撃する姿勢もとった。

１５４６年、越前に尾山御坊《おやまごぼう》(金沢御堂《みどう》)が建設され、それを拠点に北陸全体に一向一揆は拡大する。このため越前を統治する朝倉《あさくら》氏や、のちに北陸へ進出する上杉謙信《うえすぎけんしん》と激突。その後は織田信長との長い争乱に突入した。俗説だが、一向宗の信徒は「進めば極楽、退けば地獄」と大書したムシロ旗を掲げ、一死報恩の覚悟で戦ったという。その点が事実かどうかはともかく、信長と10年以上もの戦いを繰り広げた一向一揆勢は、一国の大名をも凌駕するほどの脅威を敵対勢力に与えていたのは確かである。

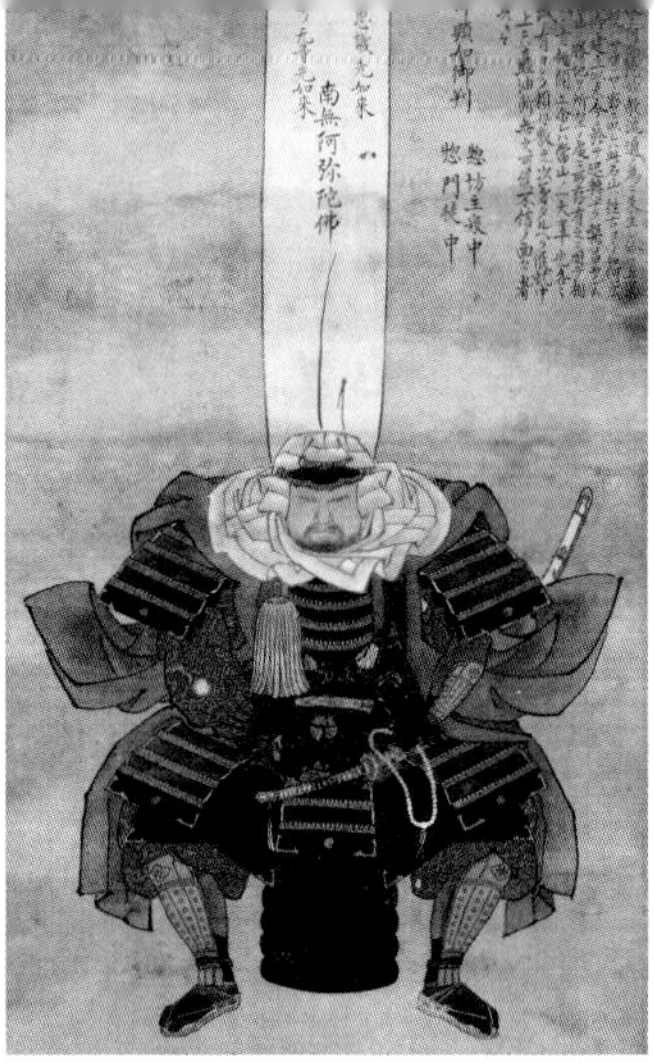

本願寺顕如
[1543-1592] 諱《いみな》は光佐《こうさ》。戦国大名と同等の兵力、経済力を持ち本願寺の最盛期を築く。 石川県立博物館蔵

歴史の流れ

北陸・東海地方で浄土真宗が広まる

▼

細川氏と結びつき幕府の後ろ盾を得る

▼

浄土真宗の信者が各地で蜂起する

本願寺の勢力範囲と主な一揆

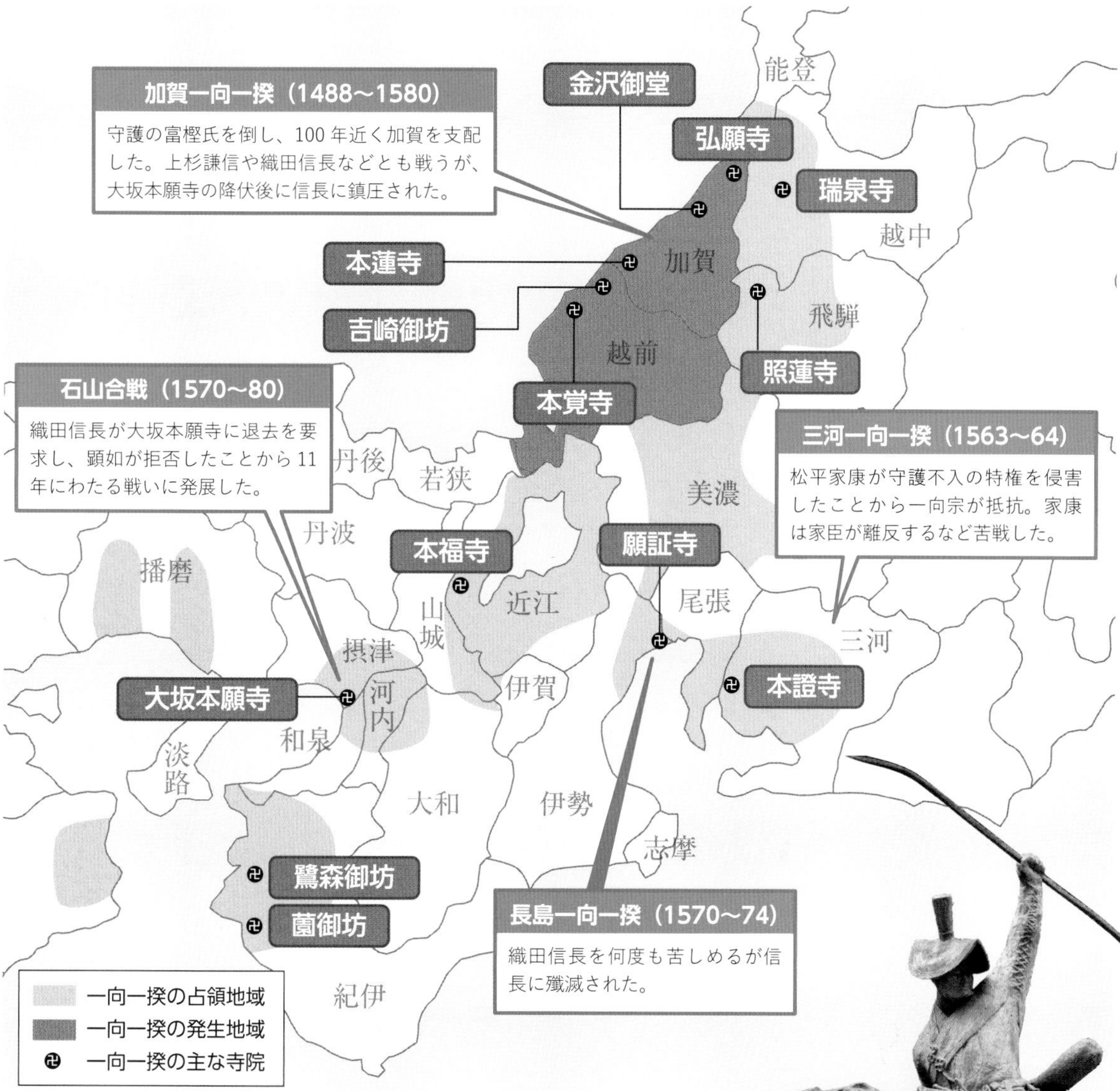

全国の出来事

関東で「長享の乱」が起こる

享徳《きょうとく》の乱の収束から数年後、関東はまたも大規模な動乱となる。1487〜1505 年に発生した長享《ちょうきょう》の乱だ。山内上杉《やまのうちうえすぎ》氏（関東管領《かんとうかんれい》）と、同族の扇谷上杉《おうぎがやつうえすぎ》氏の戦いである。

1476 年に関東管領の山内上杉氏に内紛が起きた。1486 年、その内紛を鎮めた太田道灌《おおたどうかん》（扇谷上杉家の重臣）が暗殺されて抗争が激化する。この乱の影響で両上杉氏が互いに傷つき、権勢に陰りが見えた。その間隙を縫って伊勢宗《いせそう》瑞《ずい》（北条早雲《ほうじょうそううん》）が伊豆《いず》を奪取するのである。

太田道灌
［1432-1486］扇谷上杉氏に隆盛をもたらした。
日暮里駅前／東京都荒川区

1493年 細川政元がクーデターを起こして政権を奪う

下剋上を加速させた明応の政変とは？

権威回復のため遠征がかえって政変を引き起こす

応仁《おうにん》の乱のさなか、1473年に9代将軍となった足利義尚《あしかがよしひさ》。彼は急落した幕府権威の回復に力を注いだが、近江《おうみ》守護の六角《ろっかく》高頼《たかより》を征討中の陣中において、25歳の若さであえなく急逝する。

跡を継いだのは、義尚の従弟にあたる**足利義材《よしき》**（義視《よしみ》の子。のちの義稙《よしたね》）であった。元号が明応《めいおう》に変わった翌年の1493年、義材は畠山義豊《はたけやまよしとよ》討伐のため河内《かわち》へ出兵する。だが、これに従軍しなかったのが、管領《かんれい》の**細川政元《ほそかわまさもと》**（細川勝元《かつもと》の息子）であった。そもそも政元は義材の将軍就任に反対していて、義澄《よしずみ》（堀越公方《ほりごえくぼう》・足利政知《まさとも》の子）を、その座に就けようとしていた。

しかし、義材を後援する畠山政長《まさなが》らとの政争に敗れたことで、政元は一時的に政治の表舞台から遠ざかることとなる。幕政は政長に牛耳られ、細川氏の将来は危うくなっていく。そう危惧した政元は、ついにクーデターの意を固めた。「**明応《めいおう》の政変《せいへん》**」の幕開けである。政元は、義澄を将軍に据えることを後ろ盾にして挙兵。そして日野《ひの》富子《とみこ》や前政所執事《まんどころしつじ》・伊勢貞宗《いせさだむね》を説得し、赤《あか》松政則《まつまさのり》の協力も得ることに成功する。

さらに朝廷にも義材の横暴を訴え、彼を廃することを要請し、義澄を擁立すると報告した。この動きに河内へ出兵中の者たちは動揺し、引き返して新将軍の義澄と政元方につく者が続出する。政元は政長を討つため、河内へ兵を向けた。これに対し、義材と畠山政長は正覚寺《しょうがくじ》（大阪市平野区）に陣を置いて抵抗する。紀州からは根来《ねごろ》衆を中心とした大軍が政長方の援軍として出撃した。しかし、その進軍を赤松政則が堺で食い止め、激戦のすえに紀州勢を破る。これに勢いを得た細川勢は一気に正覚寺を攻め落とした。政長は自害し、義材は投降したのち、京の龍安寺《りょうあんじ》に幽閉された。こうして京を制圧した政元は、管領職の独占に成功。義澄を傀儡《かいらい》とする**細川京兆家《けいちょうけ》**の専制を確立する。

幕臣が将軍をすげ替え、意のままにするという行為は**下剋上**の最たるものであった。このため戦国時代の始期は「応仁の乱」ではなく、この「明応の政変」とする見方もあるほどだ。一方で義材は越中《えっちゅう》へ脱出して生き延び、政元に対する反発も強まり、予断を許さぬ情勢が続く。

細川政元

[1466-1507] 強大な権力を手に入れた政元だったが、最後は家臣に殺害されてしまった。

龍安寺蔵

歴史の流れ

将軍・足利義尚が出陣中に急逝する

▼▼

義材が将軍に就任し畠山政長が実権を握る

▼▼

劣勢の細川政元は義澄を擁立して政権奪取

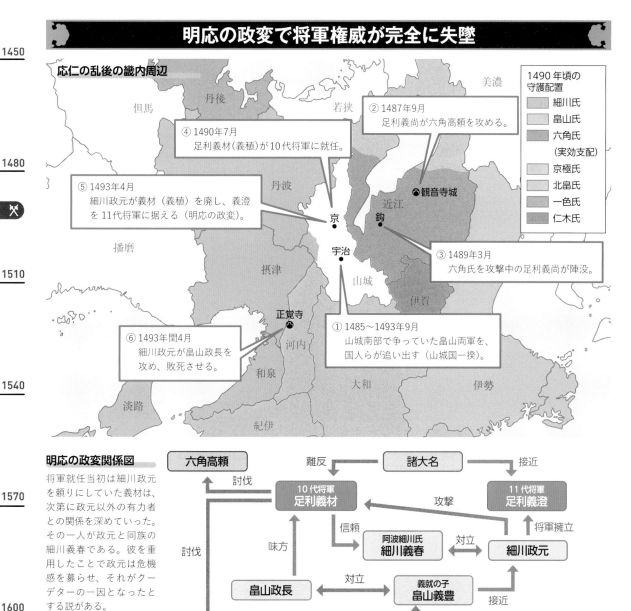

明応の政変で将軍権威が完全に失墜

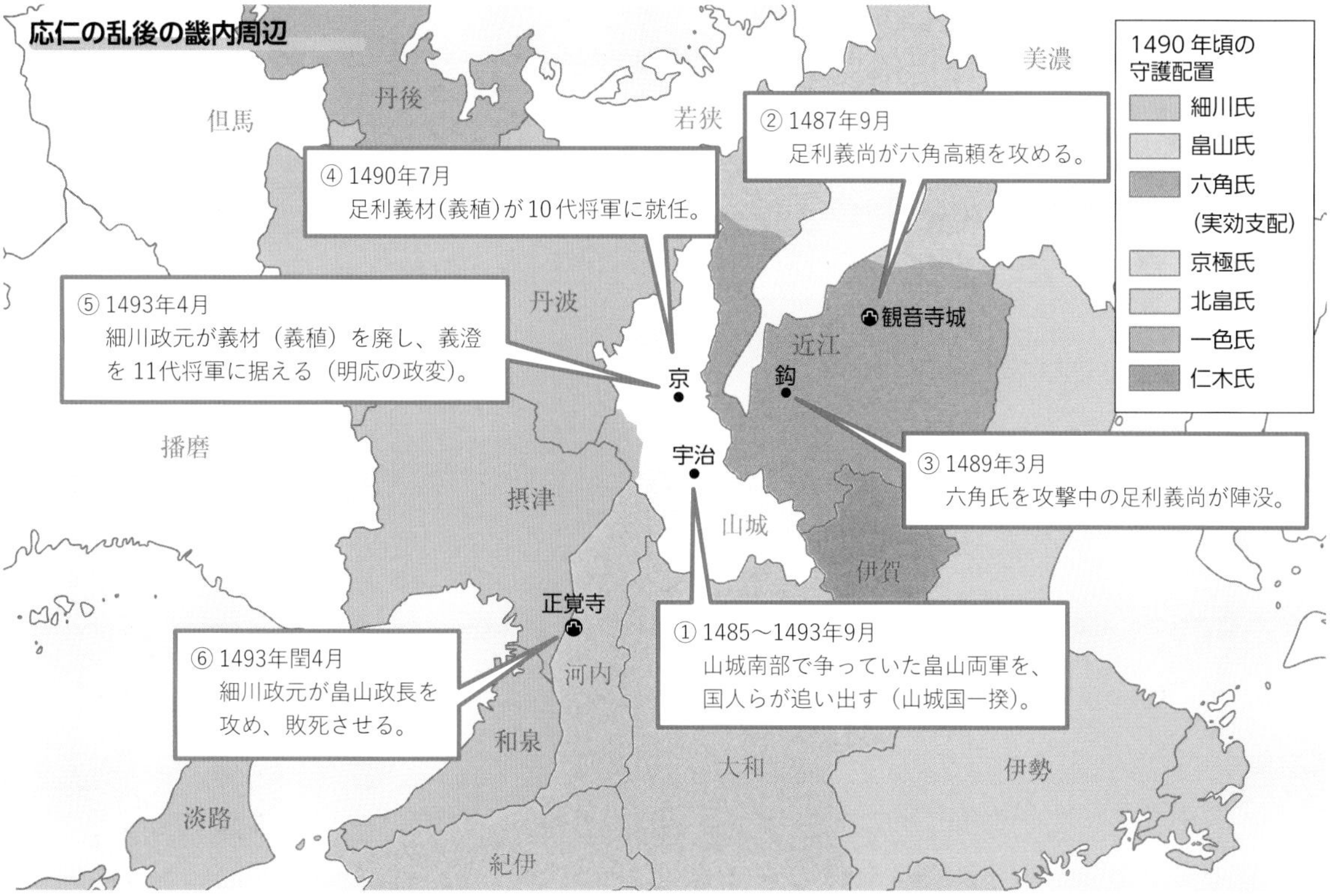

明応の政変関係図

将軍就任当初は細川政元を頼りにしていた義材は、次第に政元以外の有力者との関係を深めていった。その一人が政元と同族の細川義春である。彼を重用したことで政元は危機感を募らせ、それがクーデターの一因となったとする説がある。

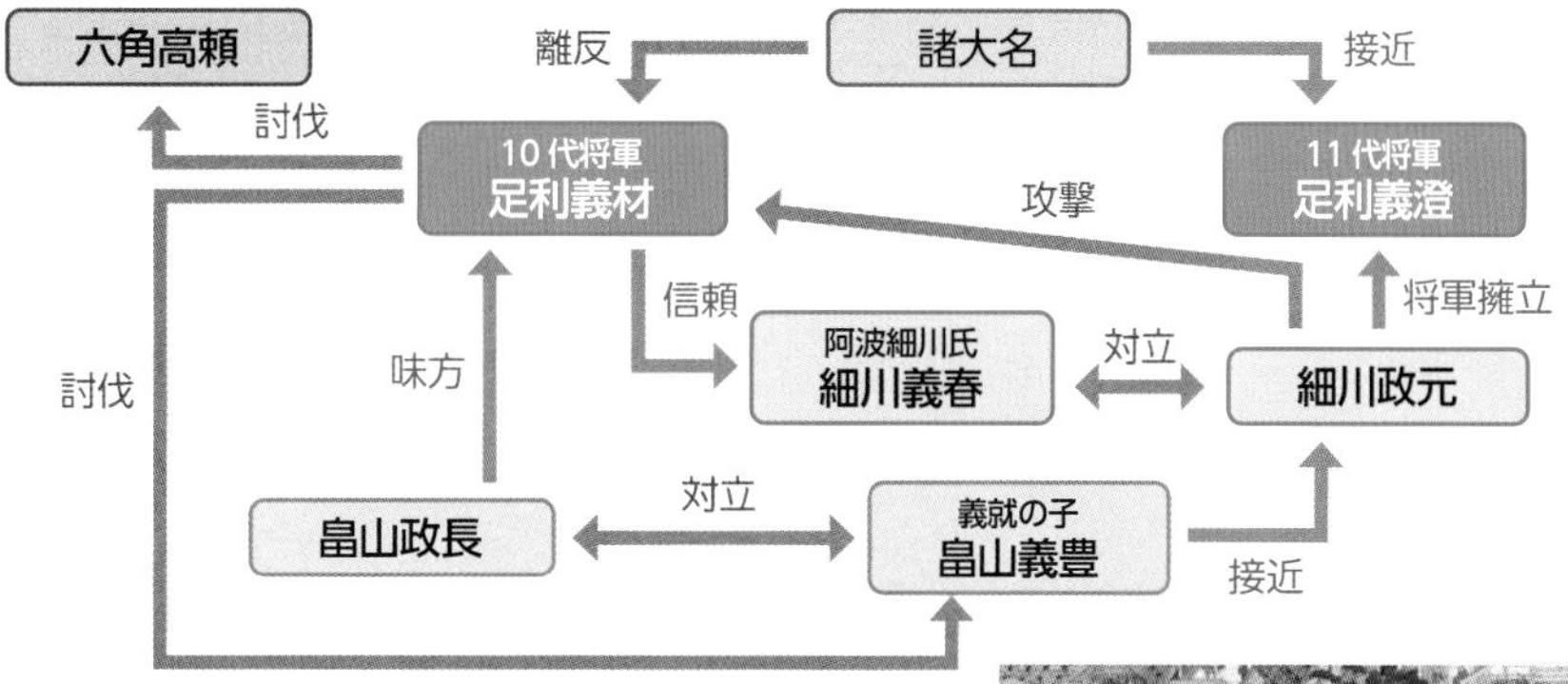

全国の出来事

「細川京兆家」とはどんな家柄

細川氏は、もともと源氏に与して戦い、源義清《みなもとのよしきよ》を祖とする名門。その子孫が三河《みかわ》の細川郷に住み、細川と名乗った。南北朝時代、細川氏は足利尊氏に従って北朝・室町幕府方として活躍。その功績から畿内・四国を中心に一門で8カ国の守護職をつとめる守護大名に成長した。細川頼之《よりゆき》は3代将軍・足利義満《よしみつ》より管領に任じられ、幕政を主導し、細川氏繁栄の礎を築いた。「京兆」とは右京大夫《うきょうだいぶ》の唐名《とうみょう》「京兆尹《けいちょういん》」のことで、代々の当主がその官位に任ぜられたことに由来する。

細川氏の屋敷

「洛中洛外図屏風」に描かれた細川邸。屋敷内には回遊式の庭園が描かれるなど、権勢がうかがえる。　米沢市上杉博物館蔵

1493年 北条早雲が伊豆に討ち入る

戦国大名の先駆けといわれる北条早雲とは何者か?

駿河に土着した北条早雲は伊豆を攻め取り相模を平定

明応《めいおう》の政変《せいへん》と同時期、東海及び関東に下《げ》剋上《こくじょう》の申し子ともいえる人物が現れた。小田原北条氏、5代100年の祖となる**北条《ほうじょう》早雲《そううん》**である。ただ、それはあとから名付けられた俗称で、実名は伊勢《いせ》新《しん》九郎《くろう》盛時《もりとき》。法名を早雲庵宗瑞《そううんあんそうずい》といい、伊勢宗瑞とあらわすことが多い(以下、一般名の早雲と表記)。

北条早雲
早雲の伊豆討ち入りを支えた家臣は、御由緒六家と呼ばれる重臣となった。
小田原城天守閣蔵

早雲は一介の素浪人から戦国大名となったと紹介されることもあるが、近年の研究で、室町幕府の政所執事《まんどころしつじ》をつとめた名門の**伊勢氏出身**という見方が主流になっている。

早雲の父・伊勢盛定《もりさだ》は、同族の伊勢貞親《さだちか》(幕府政所執事)とともに8代将軍・足利《あしかが》義政《よしまさ》の申次衆《もうしつぎしゅう》として重要な位置にあった。応仁《おうにん》の乱(1467年)の際、駿河《するが》の守護・今川義忠《いまがわよしただ》が将軍御所を警護するために上洛した。この時に幕府と今川氏との間を取り次いだのが盛定で、その縁から伊勢氏の娘・**北川殿《きたがわどの》**(早雲の姉妹)が義忠に嫁いだ。その後、北川殿は世継ぎの龍王丸《たつおうまる》(今川氏《うじ》親《ちか》)を生んだが、義忠が遠江《とおとうみ》で戦死したため、今川氏の家中《かちゅう》で家督争いが起きる。

1487年、早雲は**駿河へ下り**、この争いに参戦して家督の地位にあった小鹿範満《おじかのりみつ》を殺害したという。かくして龍王丸は元服して氏親《うじちか》を名乗り、正式に今川氏当主となった。

その後、早雲は幕臣でありながら、今川氏の領内である**興国寺城《こうこくじ》**(静岡県沼津市)に留まり、伊豆《いず》や関東への出兵を行うようになる。そして明応の政変(1493年)後、11代将軍となった足利義澄《よしずみ》の命令を受け、新たな堀越公方《ほりごえくぼう》となったばかりの足利茶々丸《ちゃちゃまる》(義澄の異母兄)を討伐する。茶々丸は鎌倉公方への復帰を願っていたが、幕府(将軍)とは対立関係にあり、その命令を受けた早雲に討たれたのだ。

早雲は、この討ち入りを機に勢力を広げ、相模《さがみ》へと進出して**小田原城**を奪取。早雲は、このあたりから今川氏とは独立した動きを見せるようになり、1498年には伊豆一国を平定、さらに1516年には三浦氏を破って**相模平定**に成功する。

立場上は今川氏に属しながら、早雲は伊豆・相模を拠点とする独自政権を築き上げた。これが戦国大名の先駆けと呼ばれる所以《ゆえん》である。

歴史の流れ

北条早雲が駿河に下り今川氏の内紛を治める

▼

幕府の命令により足利茶々丸を滅ぼす

▼

扇谷と山内上杉氏の争いを突いて相模を平定する

1450
1480
1510
1540
1570
1600

北条早雲が関東で勢力を拡大する

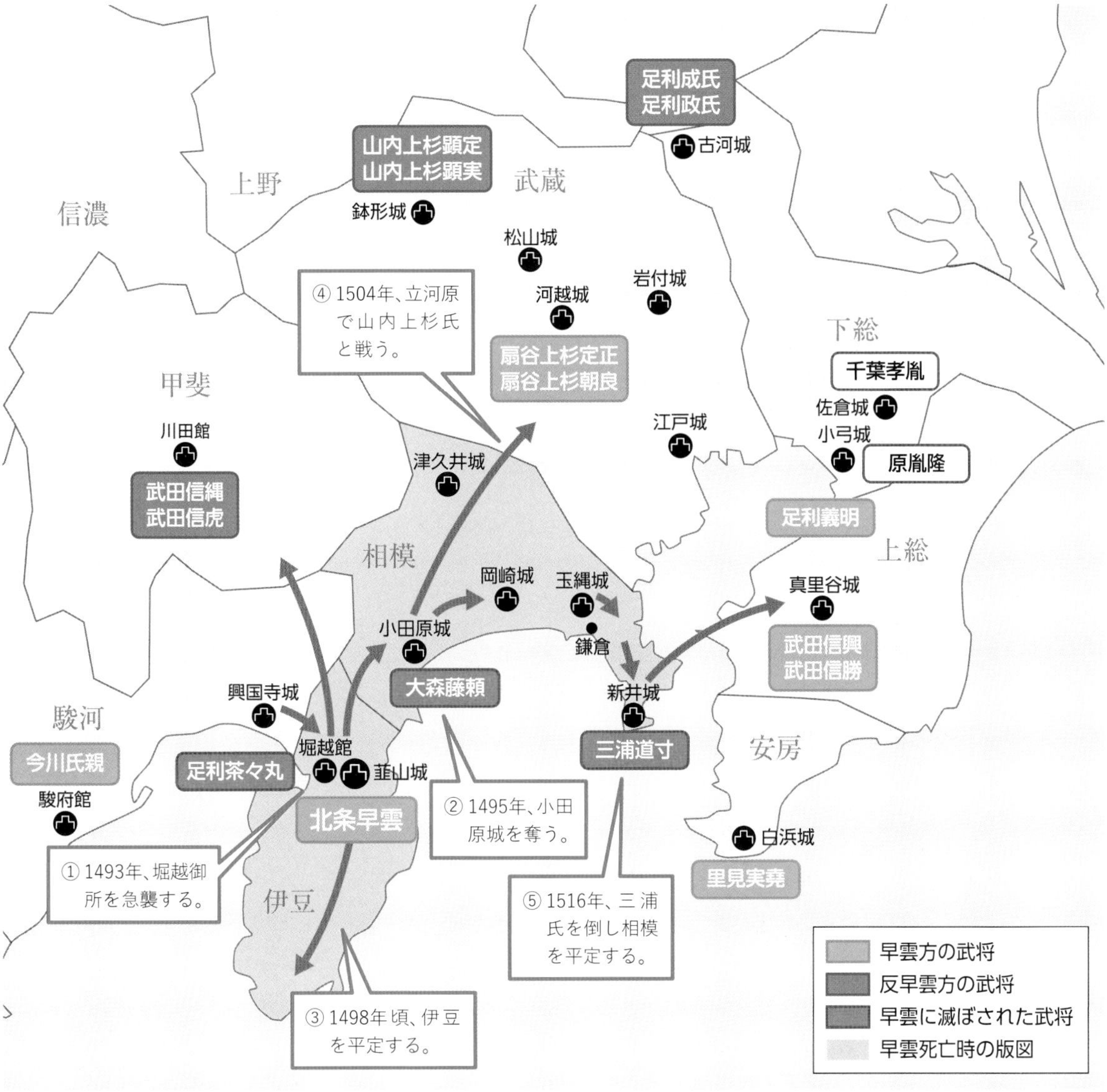

全国の出来事

国内で木綿の製造が始まる

木綿《もめん》はワタの種子から取れる繊維で、肌触りがよく吸水性が高いため、衣類には欠かせない素材であるが、室町時代までは朝鮮からの大量輸入に頼っていた。「応仁の乱」の頃には兵の衣服にも用いられ、武将たちは次々と朝鮮に使者を送って木綿を求めた。朝鮮のほうが品不足となるほどで、大変に貴重な品であった。

越後《えちご》・信濃《しなの》半国守護の上杉房定《ふささだ》が「ミわた（実綿）」については苧《からむし》・布子《ぬのこ》・紙と同じく1駄につき20文を徴収すると定めている。16世紀には関東に加え、関東以西で広く栽培される。

『洛中洛外図巻』に描かれたワタを干す様子。　東京国立博物館蔵

１５２１年

細川高国が将軍・義稙を廃して義晴を擁立する

細川高国政権と堺公方 室町幕府が2つに分裂？

細川政元の後継をめぐる養子3人の争いが加速

明応《めいおう》の政変で11代将軍に**義澄**《よしずみ》を据え、事実上の最高権力者にのぼった細川政元だが、その政権は長くは続かなかった。彼は男色家で実子がないため、摂関家《せっかんけ》の九条氏から**澄之**《すみゆき》を迎え、さらに一門の阿波《あわ》細川氏から**澄元**《すみもと》を、細川の分家からも**高国**《たかくに》を養子に迎えた。澄之には家督相続させることを約束していたが、それを反故にして澄元を世継ぎにしたことで家督争いが起きた。

細川高国

[1484-1531] 細川澄元と争い京兆家の家督を獲得。政権を打ち立てた。

東京大学史料編纂所蔵（模写）

１５０７年、政元は入浴中を襲われ、あえなく命を落とした（**永正**《えいしょう》**の錯乱**《さくらん》）。これは澄之を擁する重臣・香西元長《こうざいもとなが》らのしわざで、澄元も元長に攻められ敗走した。しかし、もう一人の養子・高国は澄元の支持を表明。挙兵して澄之を討ち滅ぼした。ところが、この政変に乗じて周防《すおう》の大内義興《おおうちよしおき》が、前将軍・足利義稙《よしたね》（のちに義材《よしき》から改名）を奉じて上洛する。義稙は政元に京を追われたのち、越中《えっちゅう》・越前《えちぜん》へ逃れ、さらに周防の大内氏に保護されて将軍復帰の機をうかがっていたのだ。この結果、11代義澄は近江《おうみ》へ追われ、細川澄元も実家の阿波へ追われて義稙が将軍に返り咲く。義稙が将軍に復帰すると、高国はこれに同調。大内義興と組んで幕政を掌握した。

だが１５１８年、義興が領国へ帰国すると、軍事的な支えを失う。これに乗じて阿波の細川澄元が復権を狙って京へ押し寄せた。高国は一時敗れるも勝利。義稙は澄元に味方したことで阿波へ追われた。澄元も義稙も、京へ戻れずに阿波で没する。

１５２１年、高国は11代義澄の遺児・**足利義晴**《よしはる》（12代将軍）を擁立して、自身の政権を確立した。だが、今度は細川晴元《はるもと》（澄元の子）が三好元長《みよしもとなが》とともに義稙の養子・**足利義維**《よしつな》（義澄の遺児・義晴の弟）を将軍の後継者として擁立、堺《さかい》へ進出する。晴元は高国を桂川原《かつらかわら》の戦いで破り、義晴と高国を近江坂本に放逐。晴元は京を制圧するが、義維は入京せず堺にとどまり、政務をとったので「**堺公方**《くぼう》」と呼ばれた。一方、義晴は近江坂本を拠点に義維と争う。１５３１年、晴元は摂津《せっつ》で高国の軍勢を破り、高国を自害に追いやった。義維の将軍就任も間近と思われたが、堺公方のほうも内紛が絶えず、機会のないまま晴元方との争いを続ける。室町幕府は**義晴方**と**義維方**に二分され、さらに長い抗争を続けていく。

歴史の流れ

細川政元の後継をめぐり
３人の養子が争う

▼▼

細川高国が澄元と対立
将軍に義稙が返り咲くも追放

▼▼

義晴を擁立する高国と
義維を戴く晴元が争う

将軍を傀儡にした細川氏の権力争い

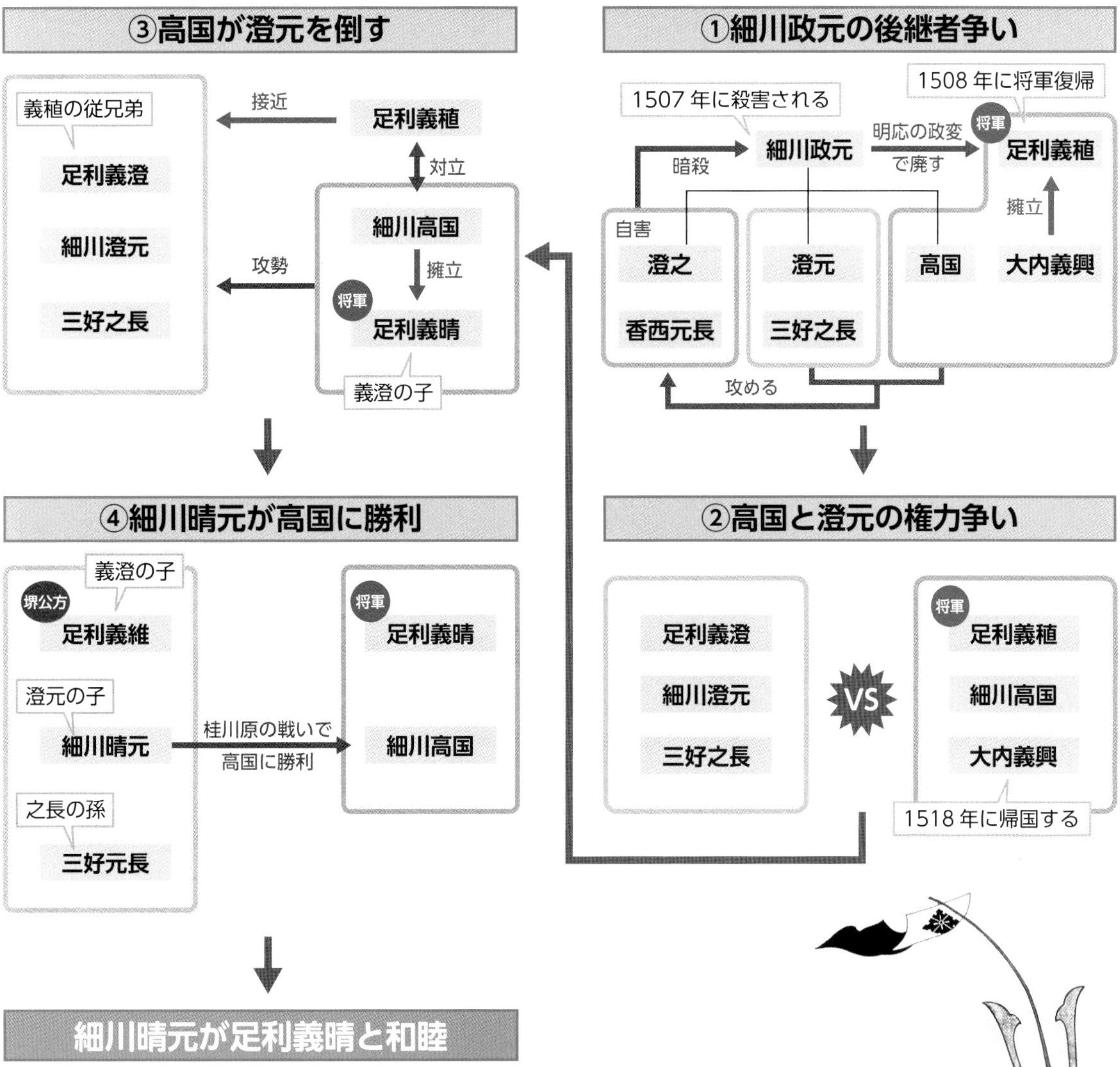

全国の出来事

寧波で細川氏と大内氏が激突

　大内義興は足利義稙を将軍に復帰させた功で、明との貿易を行う遣明船派遣の権利を与えられていた。しかし、細川高国は貿易面での復権を狙って鸞岡端佐《らんこうずいさ》らを明へ派遣して対抗した。寧波《ニンポー》（中国浙江省）には、先に大内方の遣明船が入港していたが、細川方の副使は明の役人に賄賂を送り、先に入港を許された。激怒した大内方は細川方を襲撃して遣明船を焼き払う。ついには明側も加わっての争いとなり、細川方の正使・鸞岡端佐が殺害されてしまった。以後、私貿易や密貿易が盛んになり、倭寇《わこう》が活発化する原因となった。

大内義興
［1477-1528］室町幕府政権を左右する影響力を持った。山口県立山口博物館蔵

1542年 斎藤道三が土岐頼芸を追放して国主になる

斎藤道三は親子2代で美濃を乗っ取った？

実力でのし上がった道三だが最後は息子に討たれてしまう

美濃《みの》を統治した**斎藤道三**《さいとうどうさん》は北条早雲《ほうじょうそううん》とならぶ、下剋上の体現者として知られている。軍記物語に記されるように、一介の油売りから美濃の大名に成り上がったとする伝承で長く知られてきた。織田信長の家臣・太《おお》田牛一《たぎゅういち》が残した史料（『大《たい》かうさまくんきのうち』）にも「一僕《いちぼく》の者」とあるなど、低い身分から成り上がったことは確かなようである。

しかし、**『六角承禎条書写《ろっかくじょうていじょうしょうつし》』**という文書の発見で、美濃の国盗りは道三が一代で成したものではなく、父・長井新左衛門尉《ながいしんざえもんのじょう》とともに**2代で達成**したものであるとわかった。道三の父は、もともと京都妙覚寺《みょうかくじ》の僧で、還俗して西村勘九郎《にしむらかんくろう》を名乗り、美濃守護であった土岐《とき》氏の家臣・長井氏に仕えた。そこで頭角をあらわした勘九郎は、さらに名を長井新左衛門尉と改め、土岐氏の三奉行の一人にまで出世した。

1533年、新左衛門尉は死去し、子の**長井新九郎**（のちの斎藤道三）が家督を継いだ。新九郎は主家にあたる長井氏の惣領《そうりょう》を討ち、その後、美濃守護代《しゅごだい》の斎藤利良《としなが》が病死したため、名跡を継いで**斎藤利政**《としまさ》（のちに出家、道三）と名乗る。こうして守護代の地位を手に入れた道三は、守護の土岐氏をしのぐほどの権勢をふるい始める。1541年に土岐頼満《よりみつ》（守護の弟）を毒殺し、翌年には守護の土岐頼芸《よりのり》の追放に成功。美濃の実質的な支配者、いわゆる**戦国大名**にのし上がった。

追放された土岐頼芸も黙ってはいない。尾張《おわり》・織田信秀《のぶひで》や越前《えちぜん》・朝倉孝景《あさくらたかかげ》の支援を得て、一時は美濃守護に復帰した。しかし、道三は織田や朝倉と同盟して頼芸の後ろ盾をなくし、再び頼芸を追放してしまった。

1549年、織田信秀の嫡男・信長に、娘の濃姫（帰蝶《きちょう》）を嫁がせて同盟を結んだ。1554年、道三は息子の**斎藤義龍**《よしたつ》に家督を譲った。これは穏便なものではなく、一説には道三が家臣の支持を失ったことで隠居に追い込まれたともいう。2年後の1556年、義龍が道三を討つために挙兵し、道三は長良川《ながらがわ》の戦いで敗れ、討死した。父子不和の原因は、道三が義龍よりも弟たちを偏愛したことや、義龍が道三の実の子ではなく、追放された守護・頼芸の子であったからという説がある。

歴史の流れ

道三の父が油売りから長井氏に仕官する

▼▼

家督を継いだ道三は斎藤氏の名跡を継ぐ

▼▼

道三が土岐頼芸を追放 事実上の美濃国主になる

長良川越しの金華山
守護代斎藤氏が居城とした稲葉山城は、道三により本格的に整備された。
岐阜県岐阜市

親子２代で美濃を奪った斎藤道三

守護土岐氏と道三の関係

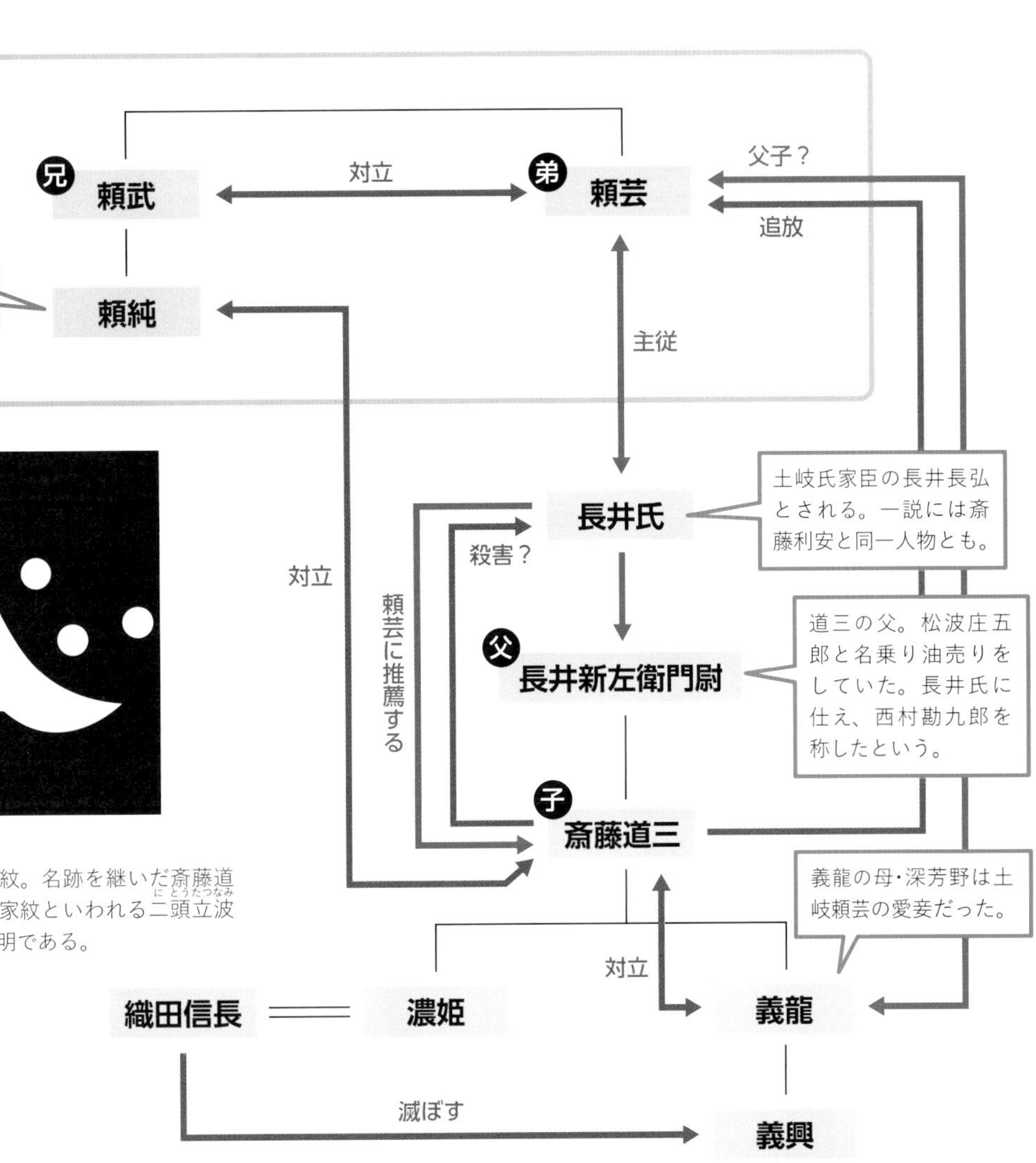
土岐氏
妻は道三の娘。

二頭立波紋

守護代斎藤氏は撫子紋。名跡を継いだ斎藤道三は、オリジナルの家紋といわれる二頭立波紋《にとうたつなみもん》を使用。由来は不明である。

戦国を知る

「下剋上」は当時も使われていた言葉？

下剋上とは「下が上に剋《か》つ」こと。古くは6世紀頃の中国・隋《ずい》代の書物『五行大義《ごぎょうたいぎ》』などに見られる。日本では鎌倉時代初期（1195年頃）に成立した歴史物語『水鏡《みずかがみ》』に「下尅上のむほん」とある。鎌倉時代の僧・日蓮《にちれん》は法華宗（日蓮宗）以外の教えを非難して「天下第一、先代未聞の下剋上」（『下山御消息《しもやまごしょうそく》』）とし、法華経以外は謀叛のごとき悪法と主張した。『太平記《たいへいき》』には「臣君を殺し、子父を殺す、力を以て争ふべき時到る故に、下剋上の一端にあり」とある。戦国時代以前から謀叛＝下剋上とみなされていたのだ。

斎藤道三

［？～1556］斎藤道三による美濃取りは、下剋上の典型例とされる。

東京大学史料編纂所蔵（模写）

1543年 この頃、種子島に鉄砲が伝来する

日本へはどうやって鉄砲が渡ってきたのか?

伝来の時期は定まっておらず種子島より前に伝わっていたか

1543年8月25日、100名ほどの人員を乗せた外国船が**種子島**《たねがしま》の南端、西之村に来着する。言葉が通じなかったが、乗船者の中に五峰《ごほう》という中国人（明人）がいて、西之村の主宰（村長）・織部丞《おりべのじょう》と筆談で意思の疎通ができた。船はポルトガル商人を乗せており、積み荷の売り物の中に鉄砲つまり**火縄銃**《ひなわじゅう》があった。

船は島主である**種子島時堯**《ときたか》の居城がある赤尾木《あかおぎ》まで曳航《えいこう》された。16歳の時堯は、商人たちが実演した鉄砲を見て、いたく興味を覚えて2挺を購入。これを日本でも造ろうと、火薬の調合法を家臣の篠川小四郎《しのがわこしろう》に学ばせ、1挺は紀州根来寺《きしゅうねごろじ》の杉之坊《すぎのぼう》に譲った。翌年、刀鍛冶の八板金兵衛《やいたきんべえ》に別の南蛮人から鉄砲の鋳造法を学ばせて製造にあたらせた。この地で生産された火縄銃は「種子島」とも呼ばれるようになる。日本人と鉄砲の出合いを記したこの出来事は、時堯の息子・種子島久時《ひさとき》が1606年に薩摩大竜寺《さつまだいりゅうじ》の禅僧・南浦文之《なんぽぶんし》に編纂させた『**鉄炮記**《てっぽうき》』による。

種子島時堯

[1528-1579] 種子島の領主。伝来1年ほどで数十挺の製造に成功したという。

鹿児島県西之表市／西之表教育委員会提供

この日本への鉄砲伝来は『新旧世界発見記』や『日本教会史』、『ビーリャロボス艦隊報告』など、西洋側の記録にもあり、それらは伝来年を1542年としている。ただ、いずれも後年に伝聞で書かれたものであり、決め手には欠けるため『鉄炮記』の1543年説が主流となっている。

また『鉄炮記』にある明人の通訳・五峰は、**倭寇**《わこう》の有力なリーダーであった王直《おうちょく》と同一人物とされる。倭寇は密貿易を行っており、鉄砲もその密売品の一つとして日本各地で取引されていたという説もある。つまり種子島より前に、鉄砲は密貿易によって伝来していたという見方も存在する。

日本における鉄砲の最初の使用例は、1549年6月、島津氏の家臣・伊集院忠《いじゅういんただ》朗《あき》が加治木城《かじきじょう》（鹿児島県加治木町）の肝付兼演《きもつきかねひろ》を攻めた「**黒川崎の戦い**」とされる。両軍の間で矢や鉄砲玉が飛び交い、数カ月もの間、人々を驚かせたのだという。

その後、鉄砲は次第に本州に伝わり、大量に使われるようになっていく。1575年の**長篠の戦い**《ながしののたたかい》で、織田信長が鉄砲の大量導入で武田勝頼《たけだかつより》に圧勝したことはあまりにも有名だ。伝来から30～40年で、日本は世界有数の鉄砲大国となるのである。

歴史の流れ

密貿易を行う倭寇が大陸沿岸で暴れ回る

▼▼

ポルトガル人が種子島に鉄砲を伝える

▼▼

すぐに複製品がつくられ全国に広まっていく

西洋文明の伝来を象徴する火縄銃

口薬入れ
火皿に入れる火薬を入れたもの。

からす口
弾を入れる袋で、下に向けると弾が一つ出てきて口先でとまる。

早合
火薬をあらかじめ固めて筒に入れたもの。直ぐに着火できる。

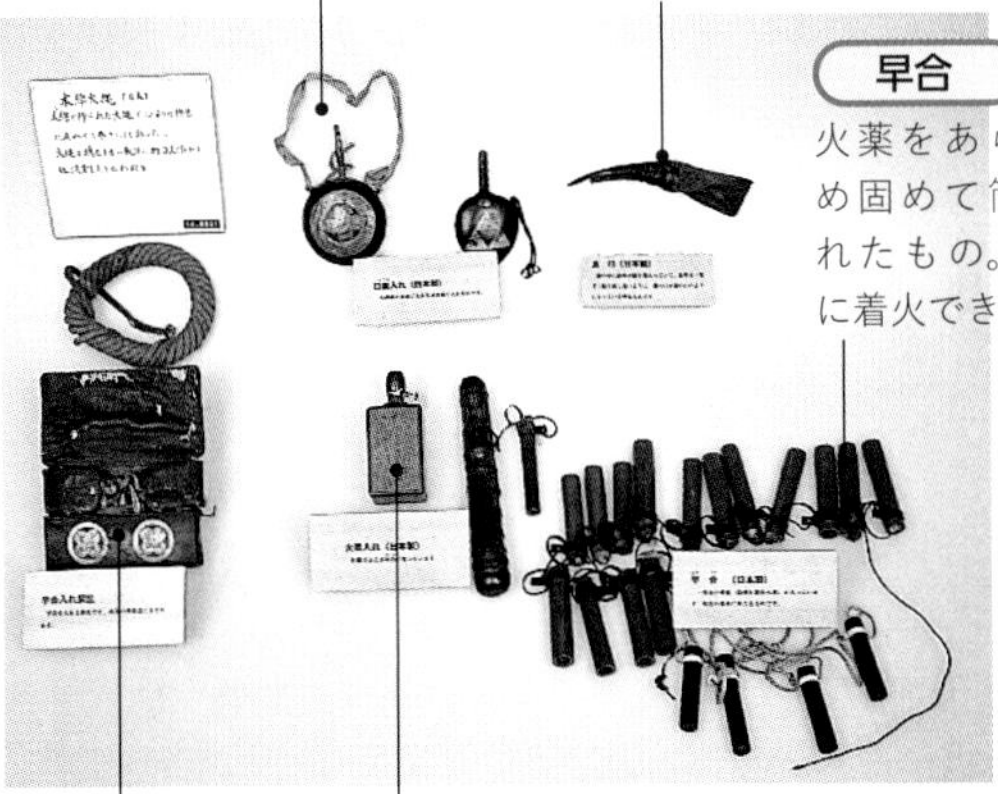

種子島開発総合センター鉄砲館蔵

胴乱
弾や火薬を腰に付けて持ち運ぶ入れもの。

火薬入れ
筒内に入れる火薬を入れたもの。

鉄砲の装備
火縄銃を発砲するには弾や火薬などの携帯が必要となる。また一度発砲すると次弾まで時間がかかるため、時間短縮のための工夫が凝らされた。

種子島銃
ポルトガルから伝来した火縄銃は2挺とも焼失してしまったが、その後、秘蔵されていたポルトガル伝来の銃が種子島家に献上された。　個人蔵／種子島開発総合センター鉄砲館提供

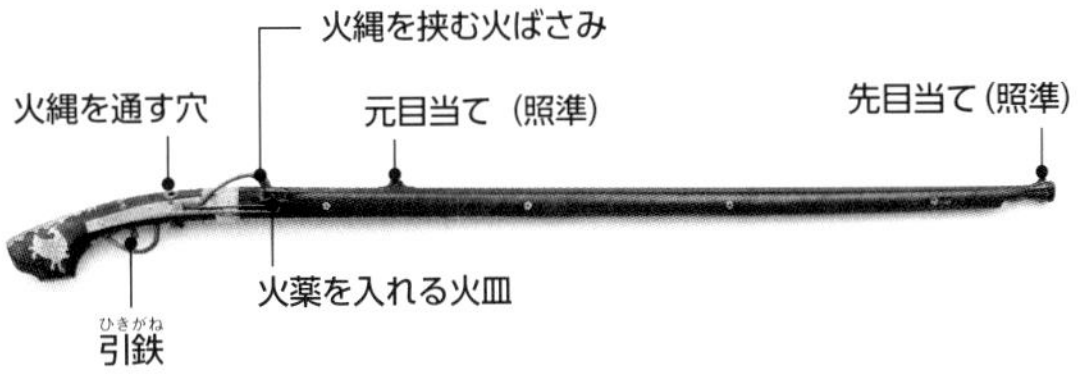

堺筒
江戸時代に堺でつくられた火縄銃。飾り金具で装飾されるなど、伝来銃より全体的に洗練されている。　刀剣ワールド財団蔵

北条氏の軍役から比較した鉄砲の推移

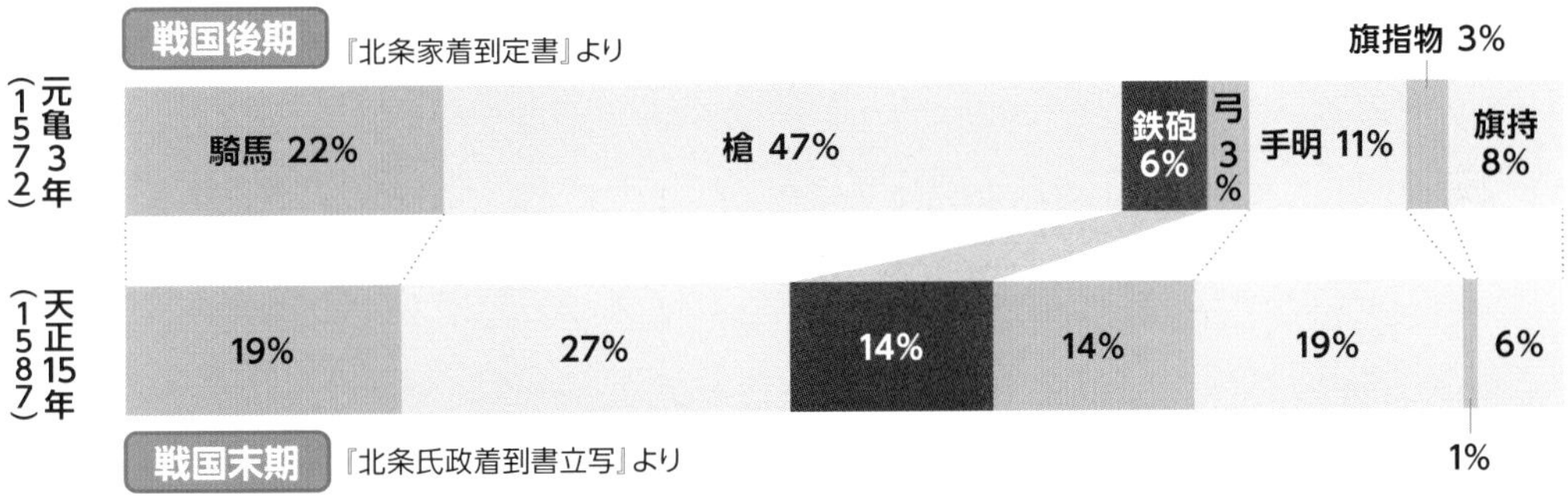

鉄砲の割合が増えていることがわかる。

戦国を知る

「南蛮人」とはどのような人を指す？

「蛮《ばん》」という言葉には「野蛮」「蛮行」などの熟語がある。本来は蔑称であり、もともとは先進文明を歩んでいた古代中国の人々（漢民族）が、とくに未開の地に住む人々に対して使ったもので、南方の人々を「南蛮」と呼んだ。これが日本でも16世紀頃から南方から来る人、つまり東南アジアを経由して交易に来るポルトガルやスペインなどの異国人と、その交易品を指すようになる。

この頃には蔑称というより異国風で物めずらしい文物を「南蛮」や「南蛮渡来のもの」と呼ぶようになっていく。

「南蛮屏風」に描かれた南蛮船と南蛮人。
九州国立博物館蔵

1546年

河越城の戦いで北条氏康が勝利する

北条氏による関東支配を決定付けた河越夜戦とは？

大軍を油断させておいて その隙を突き快勝する

北条早雲《ほうじょうそううん》の没後、跡を継いだのが氏綱《うじつな》である。氏綱はさらに領地を拡大し、山内《やまのうち》・扇谷《おうぎがやつ》両上杉《うえすぎ》氏の勢力圏である武蔵《むさし》へと進出。これに先立ち、氏綱は着目すべき動きを見せた。伊勢から**北条への改称**である。

名字の改称の時期は現存史料より1523年6月から9月の間とみられる。ただ明確に宣言した記録が見つかっていないため、その理由までは不明だ。推定では、関《かん》東管領《とうかんれい》の上杉氏にとって代わる正当性を示すためという。なじみの薄い伊勢氏では関東武士たちが従わないため、旧鎌倉幕府の執権《しっけん》職にあり、相模守《さがみのかみ》・武蔵守《むさしのかみ》を歴任した北条を使用したとみられている。

氏綱は晩年、房総半島まで勢力を伸ばし、1541年に没した。跡を継いだのが27歳で3代目の**氏康**《うじやす》だった。

北条氏康
[1515-1571] 北条氏を関東の雄に押し上げた3代目当主。
小田原城天守閣蔵

それから数年後の1545年8月、今川《いまがわ》義元《よしもと》が、北条領へと攻め入ってきた。氏綱に奪われていた東駿河の奪還のためであった。氏康は東駿河《ひがしするが》へ出兵するが、その矢先に背後の武蔵・**河越**《かわごえ》**城**が両上杉氏の大軍に包囲されたとの知らせが入る。東西から挟み撃ちされる格好となった氏康は、東駿河の河東地域（富士川以東）を義元に明け渡すことを約束し、和睦にこぎつけた。こうして氏康は兵を東へ転じ、河越城の救援に向かった。河越は北条氏が奪ったばかりの拠点で、義弟の**北条綱成**《つなしげ》が守っていたが、城兵はわずか3000であった。

河越城の包囲軍は関東管領の山内《やまのうち》上杉氏（**上杉憲政**《のりまさ》）、扇谷《おうぎがやつ》上杉氏（**上杉朝定**《ともさだ》）、古河《こが》公方《くぼう》の**足利晴氏**《はるうじ》や関東の諸大名も加わって約8万に達していた。氏康の軍勢は8000で、城兵と合わせても1万程度の軍勢であった。そこで氏康は、上杉軍や足利晴氏に包囲を解くよう嘆願する書状を送り、油断を誘った。連合軍はこれを疑って攻撃をしかけたが、氏康は応戦せずに撤退した。この氏康の弱腰に、連合軍はすっかり油断する。

翌1546年4月、氏康はその隙を突いて奇襲をしかけた。予期しない攻撃に連合軍は慌てふためき、城内からも北条軍が出撃してきたことで大混乱に陥る。上杉朝定は戦死し、扇谷上杉氏は滅亡。辛くも逃げ延びた上杉憲政も急速に勢力を失い、これで北条氏の**関東支配**が決定付けられた。

歴史の流れ

今川義元が東駿河に侵攻
北条氏康と争う

▼▼

上杉・足利連合軍が
河越城を囲む

▼▼

氏康は東駿河をあきらめ
河越城救援に向かう

三大奇襲の一つに数えられる河越城の戦い

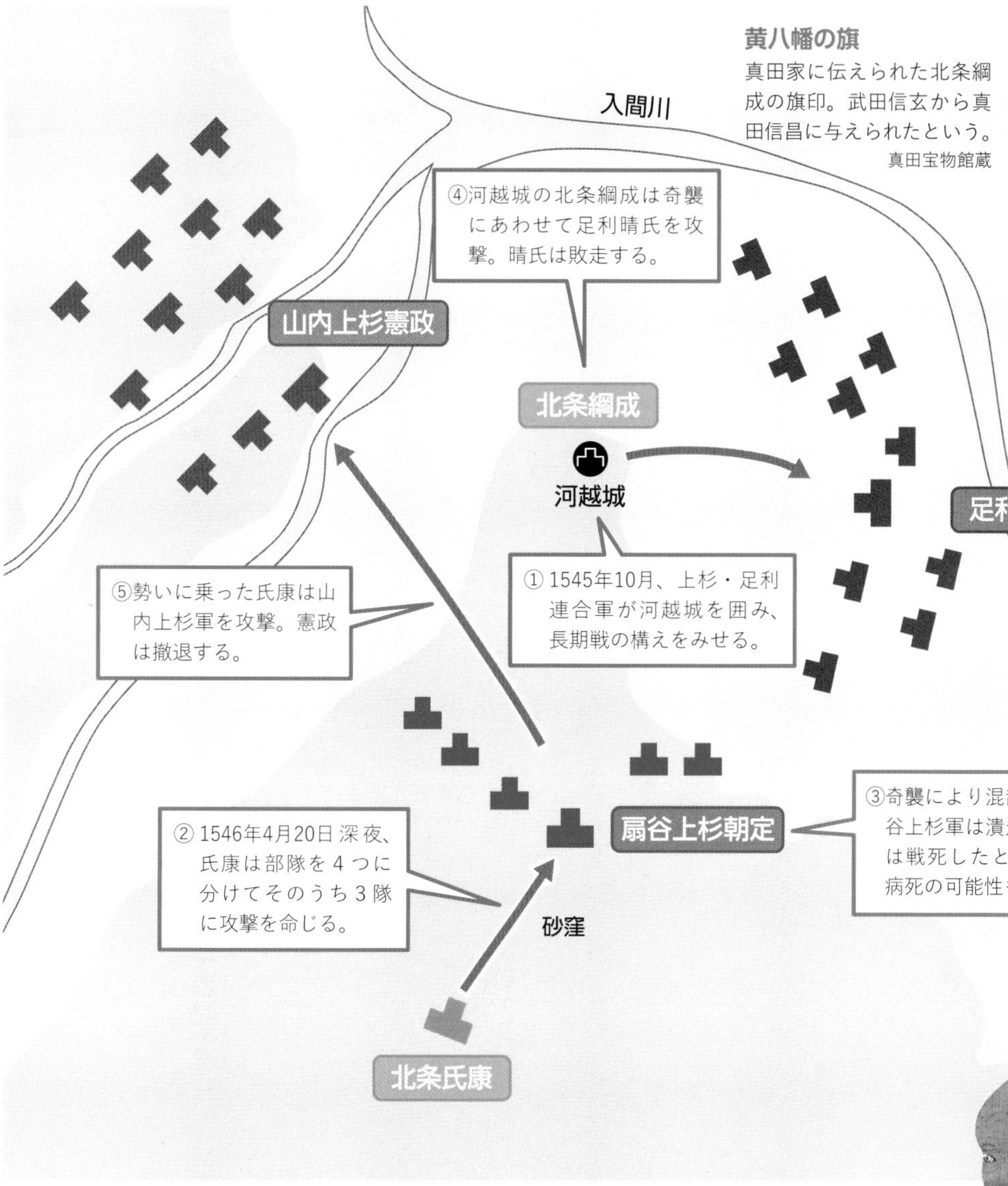
山内上杉憲政
足利晴氏
扇谷上杉朝定
②1546年4月20日深夜、氏康は部隊を４つに分けてそのうち３隊に攻撃を命じる。
③奇襲により混乱した扇谷上杉軍は潰走。朝定は戦死したというが、病死の可能性もある。
④河越城の北条綱成は奇襲にあわせて足利晴氏を攻撃。晴氏は敗走する。
⑤勢いに乗った氏康は山内上杉軍を攻撃。憲政は撤退する。

黄八幡の旗
真田家に伝えられた北条綱成の旗印。武田信玄から真田信昌に与えられたという。
真田宝物館蔵

全国の出来事

武田信玄が父・信虎を追放する

関東と東海を結ぶ東駿河（河東）は北条、今川、武田の三氏が領国を接するため、争いが繰り返された（河東の乱）。北条氏綱は河東を占領して今川氏から完全に独立した。その氏綱が没した1541年、武田信玄《たけだしんげん》（晴信《はるのぶ》）が父・信虎《のぶとら》を追放した。

信虎が娘婿の今川義元と会うために河内路《かわうちじ》を南下していたところ、晴信はその帰り道を封鎖。信虎は、やむなく今川氏のもとに寓居《ぐうきょ》することとなった。同時に、晴信は武田氏の家督と甲斐守護《かいしゅご》職《しょく》を相続し、当主となったのである。

武田信虎
［1494-1574］信虎３男の信廉が描いたという肖像。
大泉寺蔵

1549年 フランシスコ・ザビエルが鹿児島に上陸する

キリスト教の伝来は日本に何をもたらしたのか？

ザビエル滞鹿《たいか》記念碑
ザビエルを称えるため、明治時代に築かれた教会の石壁とザビエルの胸像。
鹿児島県鹿児島市

布教活動の見返りとして南蛮貿易を進める大名たち

火縄銃(鉄砲)の伝来をきっかけに、ポルトガル人は毎年のように九州の諸港に来航し、日本との貿易を行うようになる。これに負けじとスペイン人も日本との貿易を望み、盛んに来航した。**南蛮《なんばん》貿易**の始まりである。南蛮貿易は鉄砲や火薬、中国の生糸などをもたらし、日本側は主に銀を支払った。貿易は肥前《ひぜん》の松浦《まつら》氏や有馬《ありま》氏、豊後《ぶんご》の大友氏、薩摩《さつま》の島津氏など各大名の領内の港で行われた。これと並行する形で伝来したのがキリスト教である。当時、ヨーロッパでは「新教《しんきょう》」と呼ばれたプロテスタントの動きが活発化していたが、カトリック(旧教)側は新天地・アジアでの布教に力を入れていた。その一つが**イエズス会**で、宣教師**フランシスコ・ザビエル**は、その結成メンバーだ。イエズス会が布教を進めていたポルトガル領のマラッカで、ザビエルはヤジロウという日本人(貿易商か?)と出会い、日本での布教を志した。

1549年8月、ザビエルは鹿児島に上陸。まずは薩摩の守護大名・島津貴久《たかひさ》に謁《えっ》見《けん》して宣教の許可を得た。しかし、薩摩での布教は日本人の反発もあってうまくいかず、平戸《ひらど》、山口、堺を経て京へ入った。しかし、当時の京は戦乱で荒廃しており、ザビエルが望んだ都での布教はできなかった。しかし、九州の大名は布教に協力し、なかには洗礼を受ける大名もあった。とくに大友宗麟《そうりん》、有馬晴信《はるのぶ》、大村純忠《おおむらすみただ》は後世にキリシタン大名と呼ばれる。

キリシタン大名らは、宣教師に領内布教を認め、**南蛮寺《なんばんじ》**(教会)の建立を許可し、使節をローマにまで派遣するほどの熱心さを見せた(天正遣欧使節《てんしょうけんおうしせつ》)。もちろん、純粋な信仰心からキリスト教に改宗したわけではない。ザビエルが大内義隆に望遠鏡、置時計、鏡、眼鏡などを献上しているように、彼らがもたらす舶来品が望みで、領内での南蛮貿易の促進が最大の目的だった。キリスト教とともにもたらされた南蛮文化も多く、**活版印刷の技術**もその一つだ。1579年に派遣された巡察使《じゅんさつし》ヴァリニャーノは、布教に必要な書物を印刷するため、グーテンベルク式の活版印刷機を初めて日本にもたらした。この西洋印刷術により印刷された本が、その後の日本の書物や出版の歴史に大きな影響を与えている。

歴史の流れ

カトリックがアジアで布教活動に力を入れる
▼
ザビエルがマラッカでヤジロウに出会う
▼
ザビエルが日本に上陸 キリスト教が広まる

貿易とセットで受け入れたキリスト教

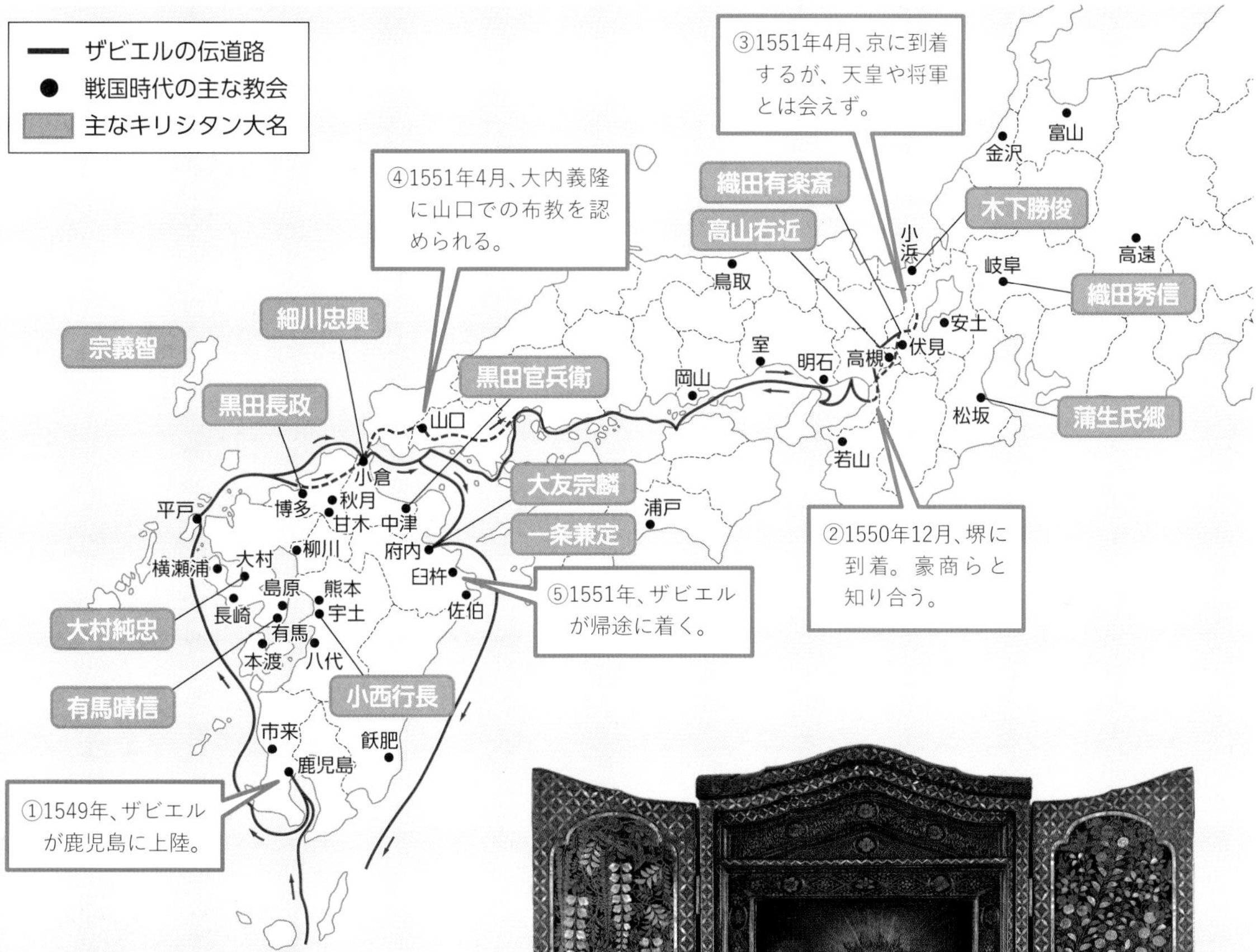

花鳥蒔絵螺鈿聖龕《かちょうまきえらでんせいがん》
日本の蒔絵、螺鈿、漆器などの技術を用いてつくられた聖画を納める聖龕。観音開きの中にはヨーロッパで描かれた聖母子像が納められている。　九州国立博物館蔵

戦国を知る

日本最大の規模を誇った「足利学校」

足利学校は宣教師フランシスコ・ザビエルの書簡に「学生三千五百以上を有せり」とあるほど盛んだった。先進国である中国の伝統的な学問である儒学を中心とし、全国から学生が集まり「坂東《ばんどう》の大学」になっていったのである。

原則として僧籍にある者が入門でき、漢学・儒学《じゅがく》の他に天文学・医学も盛んに教授された。易学も盛んに教授され、ここで学んだ者が出陣の折に吉凶を占う「軍配者《ぐんばいしゃ》」として活躍したという。いわゆる軍師である。

足利学校の正門である入徳門。　栃木県足利市

1549年 三好長慶が上洛し京を支配

三好長慶が天下人と評価される理由とは?

細川晴元の政権を打ち倒し三好政権が誕生する

三好《みよし》氏は阿波《あわ》国守護・細川氏の家宰《かさい》を務めていた国人《こくじん》である。細川政元《ほそかわまさもと》が暗殺された時、その混乱に乗じて畿内に進出し、畿内の主導権争いに参加して頭角をあらわした。1531年には、当主の三好元長《もとなが》（長《なが》慶《よし》の父）が細川晴元《はるもと》を補佐し、晴元の仇敵・細川高国《たかくに》を倒した。しかし、それまで足利《あしかが》義維《よしつな》（堺公方《さかいくぼう》）を庇護してきたはずの晴元は方針を転換し、第12代将軍・足利義晴《よしはる》との和解を進める。そのため、晴元と元長は対立し、元長は翌年、晴元が扇動した一向《いっこう》一揆《いっき》勢（本願寺《ほんがんじ》）の攻勢を受け、自害に追い込まれた。

元長の嫡男・**三好長慶**は当時11歳。父の命で堺から母とともに阿波へ逃れ、三好氏の家督を継いだ。幼い長慶は、そのまま雌伏の日々を過ごすが、事態はすぐに動いた。

1533年、父の仇敵・細川晴元が阿波へ逃れてきたのだ。元長を自害させた晴元だが、暴発した一向一揆勢（本願寺）を抑えることができず都を追われたのである。三好氏は、これを仲介して講和させ、晴元を窮地から救った。長慶はまだ12歳のため、実際の交渉は家臣が実行したものと思われるが『本福寺明宗跡書《ほんぷくじみょうしゅうあとがき》』には確かに長慶が和睦を斡旋《あっせん》したと記されている。元長を失ったとはいえ、三好氏の名声は健在であったのだろう。しかし、結局は守護で管《かん》領《れい》の細川晴元に従わざるをえず、長慶はその後、晴元の配下として働いた。

代わりに、長慶は先の恩から**摂津《せっつ》西半国守護代**の地位を勝ち取り、堺への進出を許された。これで弟たちに阿波を任せることができ、着実に勢力を広げていった。

1548年、長慶は同族で晴元の側近を務める三好政長《まさなが》と対立する。実は元長が殺された時、その動きを主導したのがこの政長だったこともあり、長慶は晴元と政長に反旗を翻す。そして翌年、江口《えぐち》の戦いに勝利して政長を討った。晴元は長慶の追撃を恐れ、近江《おうみ》へ逃れた。前将軍の足利義晴、義《よし》輝《てる》（13代将軍）も行動をともにした。

こうして細川晴元政権を崩壊させた長慶は**上洛**を果たす。長慶は、のちに将軍義輝と和睦して京都に迎え、細川氏の家督を細川氏綱《うじつな》に継がせ、彼を管領に就けた。将軍と管領を傀儡化し、長慶をトップとする**三好政権**が確立したのである。

三好長慶

[1522-1564] 畿内を制圧し、将軍を圧倒する権力を手に入れた。

東京大学史料編纂所蔵（模写）

歴史の流れ

長慶が細川晴元の配下として摂津西半国の守護代となる

▼

長慶が晴元軍を破り細川晴元政権が崩壊

▼

長慶が上洛し京を実質的に支配する

1450 1480 1510 1540 1570 1600

阿波細川氏の家臣から幕府有数の権力者となる

飯盛城の御体塚

長慶は1564年に没するが、その死は3年間秘密にされ、遺体は御体塚郭に仮埋葬されたという。 大阪府四條畷市

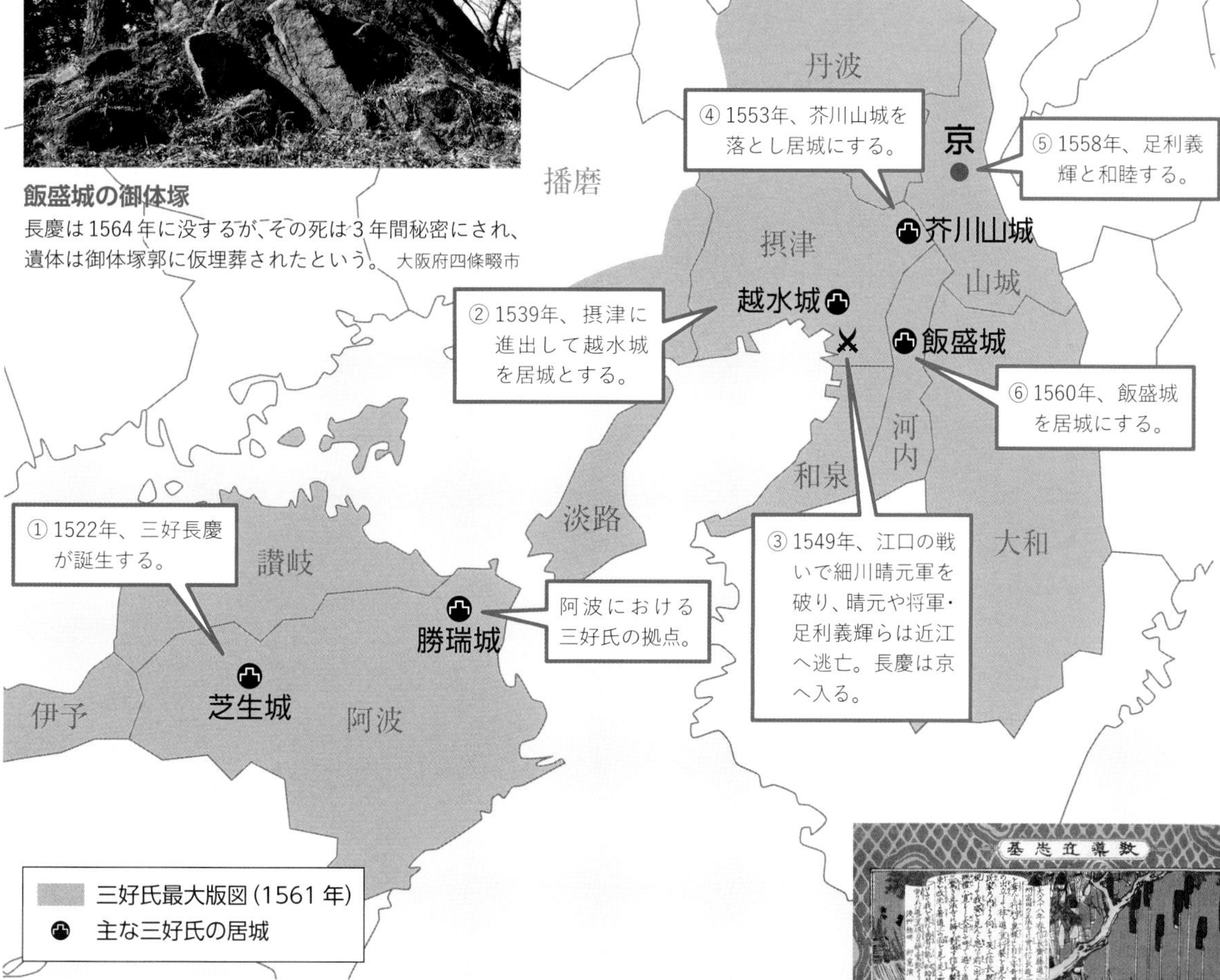

丹波
播磨
摂津
山城
京
芥川山城
越水城
飯盛城
河内
和泉
淡路
大和
讃岐
伊予
阿波
勝瑞城
芝生城
① 1522年、三好長慶が誕生する。
② 1539年、摂津に進出して越水城を居城とする。
③ 1549年、江口の戦いで細川晴元軍を破り、晴元や将軍・足利義輝らは近江へ逃亡。長慶は京へ入る。
④ 1553年、芥川山城を落とし居城にする。
⑤ 1558年、足利義輝と和睦する。
⑥ 1560年、飯盛城を居城にする。
阿波における三好氏の拠点。
三好氏最大版図（1561年）
主な三好氏の居城

全国の出来事

織田信長が斎藤道三と聖徳寺で会見

1548年、尾張《おわり》の織田信秀《おだのぶひで》は、美濃《みの》の斎藤道三《さいとうどうさん》の娘・濃姫（帰蝶）と、嫡男・信長との縁組みを実現した。『信長公記《しんちょうこうき》』に縁組成立後に義理の親子となった道三と信長は、尾張の北端に位置する聖徳寺《しょうとくじ》で会見したとある。当時、信長は「うつけ」と評判であったため、道三は民家の窓から彼の様子を覗き見たという。

信長が6m以上もの長槍隊と、500挺もの鉄砲隊を連れてきていたのに道三は驚き、「自分の子らは、信長の門外に馬を繋ぐことになろう」と漏らしたという。

奇抜な服装で会見に向かう信長。
東京都立中央図書館特別文庫室蔵

1554年 甲相駿三国同盟が締結される

武田・北条・今川氏はなぜ三国同盟を結んだのか？

隣国同士の利害が一致し めずらしい三国同盟が成立

　戦国時代、16世紀半ばの東国において、甲斐《かい》の**武田信玄**《たけだしんげん》、相模《さがみ》の**北条氏康**《ほうじょううじやす》、駿河《するが》の**今川義元**《いまがわよしもと》の三者（甲《こう》・相《そう》・駿《すん》）は、きわめて大きな存在となっていた。三者はそれぞれに領国内の統一を果たしたが、それぞれに難敵を抱えていたのも事実だった。

　三者のうち、当初より関係が良好だったのは武田と今川の甲駿である。1537年、信玄の姉（定恵院殿《じょうけいいいん》）が今川義元に嫁いでおり、その前年に信玄の継室に公家《くげ》の三条《さんじょう》公頼《きんより》の娘（三条の方）が嫁いだのも今川の仲介による。また信濃《しなの》侵攻を本格化させるにあたり、背後に位置する北条との同盟も不可欠といえた。

　今川と北条は、それ以上に密接な間柄であった。北条氏の始祖・早雲《そううん》の姉妹・北川《きたがわ》殿《どの》は義元の祖父・義忠《よしただ》に嫁いでいたし、その間に生まれた今川氏親《うじちか》の娘・瑞渓院《ずいけいいん》殿は、北条氏康に嫁ぎ、氏政《うじまさ》を産んだ。ただその後、両家は国境をめぐって衝突、**一時的に関係が悪化**していた。しかし、今川氏は尾《お》張《わり》の織田氏との抗争があったため、東西に敵を持つのは好ましくない。そこで北条との関係修復を図らねばならなかった。そこで改めて三家による政略結婚が結ばれた。

　1552年から1554年にかけ、まず今川義元の娘・嶺松院《れいしょういん》殿が武田義信《よしのぶ》（信玄の子）に嫁いだ。次に北条氏康の娘・早川殿《はやかわどの》が今川氏真《うじざね》（義元の子）に、信玄の娘・黄《おう》梅院《ばいいん》殿が北条氏政（氏康の子）にそれぞれ嫁いだ。この同盟によって、信玄は1553年より始まった越後《えちご》の上杉謙信《うえすぎけんしん》との抗争（**川中島**《かわなかじま》**の戦い**）に注力できたのである。

　氏康にとって信玄との同盟は、関東奪回を試みる上杉への押さえになることはもちろん、佐竹《さたけ》氏や宇都宮《うつのみや》氏、里見《さとみ》氏など関東各地の大名との抗争に注力できた。義元は先述の通り西に注力できた。ただ一方で武田と北条は、もし上洛を企図する場合は今川に道をふさがれた形となる。その意味では一番西寄りの今川氏が最も恩恵を受けたといえよう。この三者は直《じか》に顔を会わせることはなかったと考えられるが、一方で駿河にあった**善得寺**《ぜんとくじ》で会盟が行われたと『相《そう》州兵乱記《しゅうへいらんき》』にある。後世に編纂された軍記物に過ぎないが、三英雄が一堂に会すというドラマチックな場面であることから、小説や映像作品でたびたび描かれてきた。

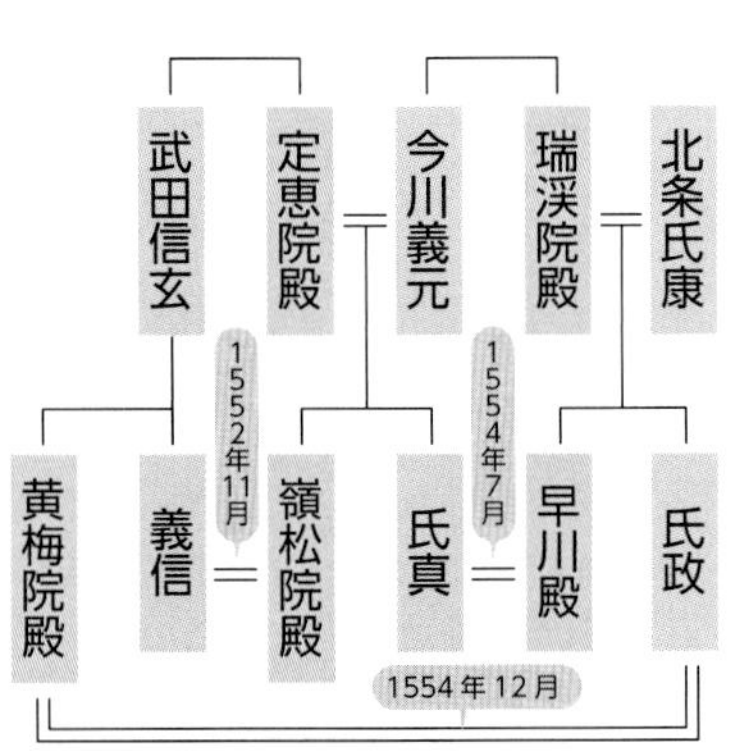

三国同盟の婚姻関係
1552年11月に今川義元娘が武田義信に、1554年7月に北条氏康娘が今川氏真に、12月に武田信玄娘が北条氏政に嫁いだ。

歴史の流れ

今川と同盟する武田は
上杉謙信と緊張関係

武田と北条の間で
婚約が成立する

さらに今川と北条が婚約
三国同盟が誕生する

互いに背後を固めた甲相駿三国同盟が結ばれる

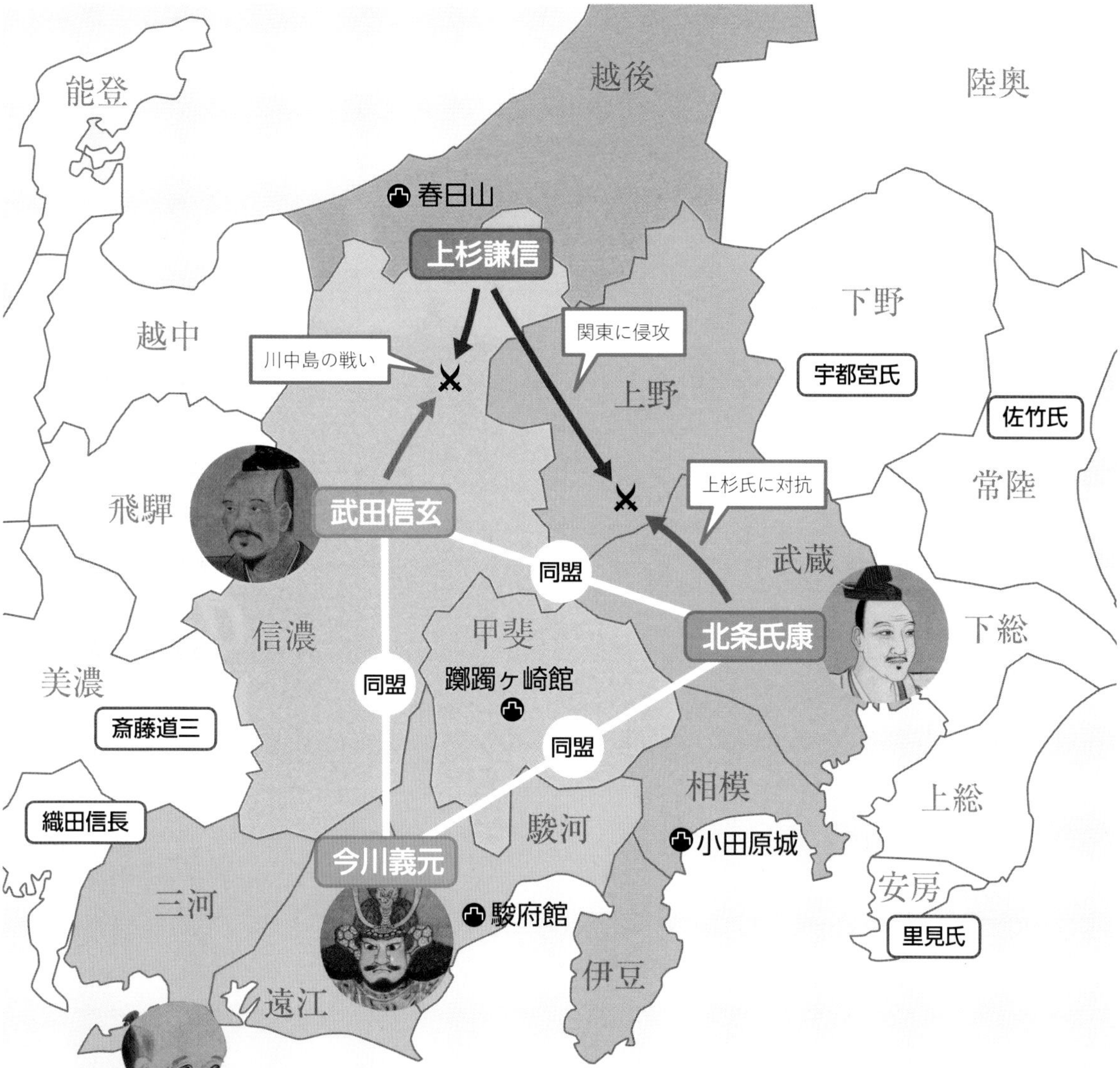

戦国を知る

戦国大名が独自に制定した「分国法」

戦国大名が領域（分国《ぶんこく》）統治のために制定した法令や規則のことを分国法という。「家法」「国法」とも呼ぶ。

鎌倉時代に制定された「御成敗式目《ごせいばいしきもく》」を母体とし、喧嘩両成敗や連座制《れんざせい》など、各大名家の私的な家訓が領国内の法とされた。「大内家壁書《おおうちけかべがき》」や「相良氏法度《さがらしはっと》」が最も早い1439年以降に成立し、今川氏の「今川仮名目録《かなもくろく》」、伊達《だて》氏の「塵芥集《じんかいしゅう》」、結城《ゆうき》氏の「結城家法度《ゆうきけはっと》」、武田氏の「甲州法度之次第《こうしゅうはっとのしだい》」といったように、それぞれの大名家の分国法が制定された。

結城政勝

［1504-1559］死の3年前に分国法を定めた結城政勝。 東京大学史料編纂所蔵（模写）

1555年

厳島で毛利元就が陶晴賢を破る

毛利元就を中国の覇者へと押し上げた厳島の戦いとは？

毛利元就

[1497-1571] 次男に生まれたが、兄と甥が早世したため家督を継ぐ。慎重な性格で謀略と外交戦を得意とした。

東京大学史料編纂所蔵（模写）

陶晴賢に戦いを挑み大内氏を滅亡に追い込む

1551年、周防《すおう》山口を中心に西国随一といわれた戦国大名・大内《おおうち》氏が滅亡の危機を迎えた。当主の大内義隆《よしたか》が、家臣の**陶晴《すえはる》賢《かた》**の謀反によって自害に追い込まれたのである（**大寧寺《たいねいじ》の変**）。その後、晴賢は大友氏から猶子《ゆうし》として迎えた大内義長《よしなが》を跡継ぎに据え、実権をにぎった。しかし、この晴賢の横暴に反発する者も少なくなかった。

毛利元就《もうりもとなり》も、その一人であった。

毛利元就は、もともと安芸《あき》の一国人《いちこくじん》に過ぎなかったが、大内氏の配下にあり、その協力のもと、出雲《いずも》の大名・尼子《あまご》氏の侵略に抗していた。よって大内氏とは同盟関係にあり、当初は晴賢に恭順の姿勢を示しておき、その間に安芸平定を急速に進めた。だが、陶晴賢は毛利の力がそれ以上伸長することを恐れるようになったのか、両者は次第に対立するようになる。

1554年、晴賢は反旗を翻した吉見正《よしみまさ》頼《より》を攻め（**三本松《さんぼんまつ》城の戦い**）、元就にも加勢を呼びかけた。だが元就はこれを一蹴し、安芸国内の大内（陶）方の諸城を攻め、次々と攻略する。これに激怒した晴賢は、重臣の宮川房長《みやがわふさなが》（房頼《ふさより》とも）に毛利氏攻撃を命じた。房長は安芸に入ると折敷畑山《おしきばたやま》に陣を敷いたが、元就はこれを急襲し、房長を討ってしまう（**折敷畑の戦い**）。業を煮やした晴賢はみずから挙兵し、厳島《いつくしま》へと進軍した。

瀬戸内海に浮かぶ厳島には、毛利氏が改修した宮尾《みやお》城があり、これを押さえて瀬戸内海における制海権を毛利から奪い、安芸攻略の拠点にしようとしたと思われる。

1555年9月、陶軍は一説に2万とされる大軍で厳島に上陸し、宮尾城を攻めた。対する毛利軍は3000人程度であったが、狭い島内が戦場になったことは元就には好都合であった。それを確認した毛利軍は夜のうちに厳島へ漕ぎ出し、元就の本隊は厳島の東から上陸。別動隊は西へまわった。10月1日の夜明け、上陸を終えた毛利軍は、宮尾城を包囲する**陶軍を奇襲**。さらに毛利に味方した村上水軍が、海岸の陶軍の船を焼き払う。この予想外の攻撃に陶軍は総崩れとなり、狭い島内を右往左往する有様。晴賢は島内で万策尽き、自害する。この戦いで大内氏はさらに弱体化し、2年後に大内義長も自刃した。毛利氏が西国地方の覇者へと、のし上がるのである。

歴史の流れ

大内義隆が家臣の陶晴賢に殺される

▼▼

陶に反発する大内家中に毛利元就も同調する

▼▼

厳島に陶を誘い込み奇襲で元就が破る

中国地方の勢力図を塗り替えた厳島の戦い

1450
1480
1510
1540
1570
1600

毛利元就と次男の吉川元春ら毛利本隊は、陶晴賢軍の背後に回り込み、陶軍を急襲して壊滅させた。
元就３男の小早川隆景らの別働隊は海上から陶軍を攻めた。
陶本陣
宮尾城
厳島神社
毛利元就本隊

山口県文書館蔵

厳島神社
海に浮かぶような鳥居が象徴的な厳島神社。社殿は平清盛により現在の姿に整えられた。
広島県廿日市市

藪原
陶
春賢

陶晴賢
[1521-1555] 大内家臣の間では武断派（陶晴賢）と文治派（相良武任）の対立があり、その争いが発展して義隆へのクーデーターに発展した。
東京都立中央図書館特別文庫室蔵

ライバル

「大内義隆」は凡将ではない

大内氏は南北朝時代に周防守護職に任じられた家柄だ。第 16 代当主・大内義隆は祖父や父の基盤を受け継ぎ、周防をはじめ、長門《ながと》・石見《いわみ》・安芸・備後《びんご》・豊前《ぶぜん》・筑前《ちくぜん》を領する西国一の大名として君臨。細川氏と肩を並べ、明との交易を行い、キリスト教の布教を認め、京風文化に西洋文化も取り入れた独自の「大内文化」を醸成した。義隆は毛利元就を従え尼子と戦うが、その本拠地の月山《がっさん》富田《とだ》城攻めに失敗し、息子の晴持《はるもち》を失うと覇気が衰え、陶晴賢に謀反を起こされる機運をつくってしまった。

大内義隆
[1507-1551] 7カ国の守護をつとめた大大名。東京大学史料編纂所蔵（模写）

1560年 織田信長が桶狭間で今川義元を破る

桶狭間の戦いをめぐる謎 正面突破なのか奇襲なのか？

今川義元はなぜ尾張に侵攻？ おけはざま山の位置も不明

日本史上において最大の逆転劇といわれる**桶狭間《おけはざま》の戦い**は、1560年5月12日、**今川義元《いまがわよしもと》**が尾張《おわり》へ侵攻したことに始まった。駿河《するが》・遠江《とおとうみ》・三河《みかわ》を支配する今川は数万もの大軍。かたや**織田信長**の軍は数千。しかし、清須《きよす》城で沈黙を保っていた信長は5月19日、突如出陣して今川軍を攻撃。その日の午後、見事に義元の首を討った。

つとに有名なこの合戦だが、様々な謎がある。まず、義元は何をめざして進軍していたのか。一般には**上洛**、つまり京へ入って政権を掌握することが目的だったという。しかし、この時点での義元が天下人を目指していたというのは考えづらい。尾張から京への道中にも多くの勢力があって簡単にはいかない。よって**尾張平定**、つまり信長打倒がせいぜいであったとする見方が今は主流である。兵力も『甲陽軍鑑《こうようぐんかん》』では2万余、『信長公記《しんちょうこうき》』では4万5千など相当な幅があり、はっきりとしない。だが、決戦の際に義元の本陣にいたのは多くとも数千と考えられ、信長が本陣に狙いを絞れる状況をつくったのであれば、兵力差はさほど問題にならなかったと考えられよう。

また、決戦当日の信長の戦術も取りざたされ、江戸時代初期に小瀬甫庵《おぜほあん》が記した『信長記』などにある「**迂回攻撃説**」が喧伝されてきた。善照寺《ぜんしょうじ》砦から出た信長勢は、今川義元の本隊は優勢に油断しており、窪地の田楽狭間《でんがくはざま》で休息中との情報をつかみ、迂回して豪雨にまぎれて奇襲。大混乱に陥った今川軍を破ったというものだ。しかし、小瀬甫庵の記録には創作も多く、現在では信長の側近・太田牛一《おおたぎゅういち》が記した『信長公記』の方が信頼性が高いとみられている。『信長公記』には今川軍は窪地ではなく「おけはざま山」に布陣。信長はそこに**全力で攻撃**をしかけ勝利したとある。ただ、信長が今川軍の動きや義元本陣の位置を常に察知していたのも不自然で、本陣への攻撃は**偶発的**という見方もある。それが正しいなら、不意の遭遇戦になったことが信長にとっては最大の戦果につながったことになろう。

いずれにしても、この一戦で当主を失った今川氏は急激に衰退する。危機を脱した信長は、今川の支配から脱却した**松平元康《まつだいらもとやす》**（**徳川家康**）と同盟し、尾張統一から美濃侵攻へと向かう。

今川義元

［1519-1560］海道一の弓取りと称えられた今川義元。政治力に優れた有能な武将だった。　大聖寺蔵／豊川市桜ヶ丘ミュージアム提供

歴史の流れ

今川義元が西に軍勢を進め三河から尾張に侵攻する

▼

おけはざま山で織田信長が今川義元を討ち取る

▼

今川氏から松平元康が独立 信長は美濃へと進出する

どのようにして織田信長は今川義元を討ったのか

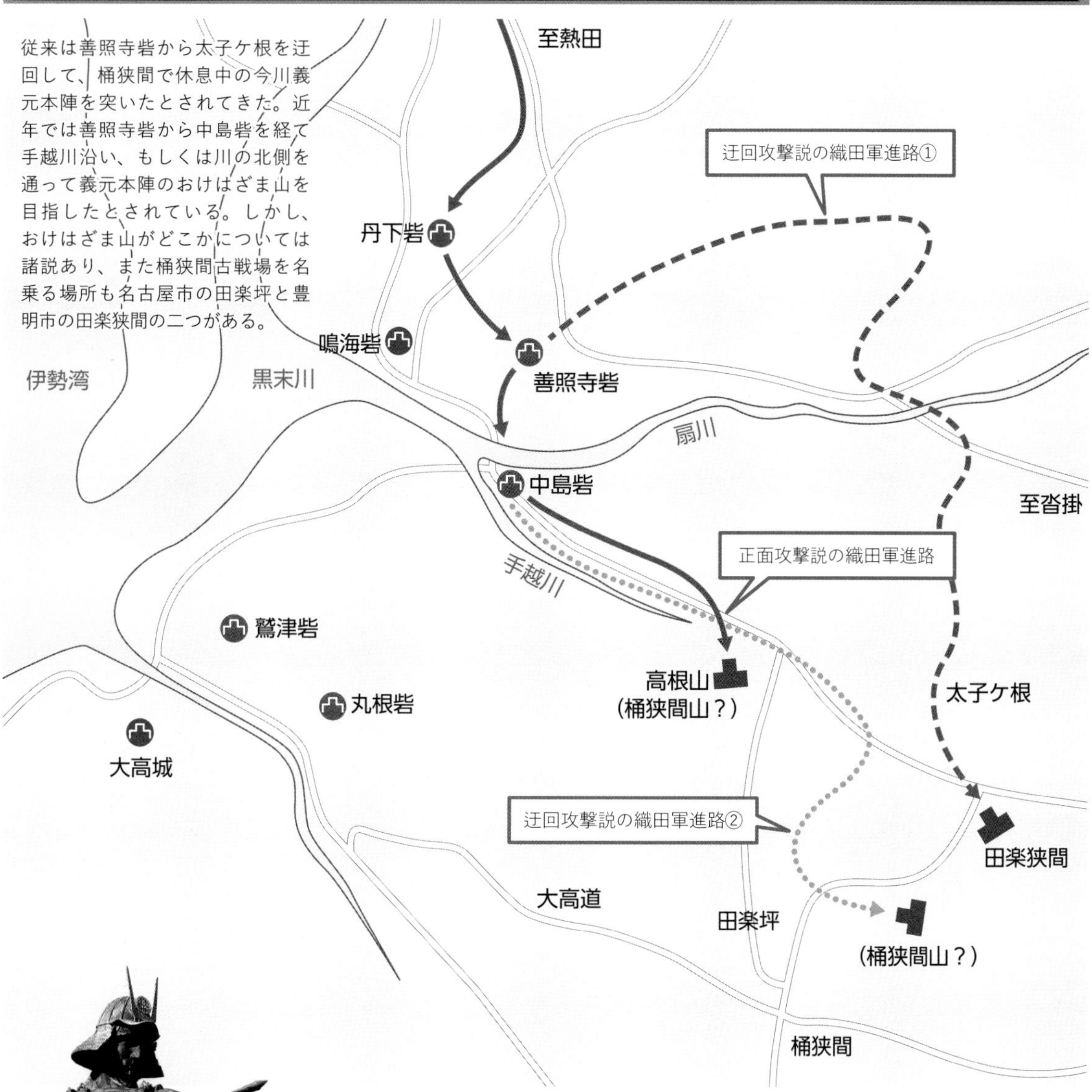

従来は善照寺砦から太子ケ根を迂回して、桶狭間で休息中の今川義元本陣を突いたとされてきた。近年では善照寺砦から中島砦を経て手越川沿い、もしくは川の北側を通って義元本陣のおけはざま山を目指したとされている。しかし、おけはざま山がどこかについては諸説あり、また桶狭間古戦場を名乗る場所も名古屋市の田楽坪と豊明市の田楽狭間の二つがある。

長宗我部元親

［1539-1599］元親が初陣の戦勝を祈願した神社に立つ長宗我部元親像。

若宮八幡宮／高知県高知市

全国の出来事

長宗我部元親と浅井長政が初陣を飾る

桶狭間の戦いと時を同じくする1560年5月、土佐《とさ》の国人《こくじん》領主・長宗我部元親《ちょうそかべもとちか》が初陣を飾っている。元親は父・国親《くにちか》が土佐郡・朝倉城主の本山《もとやま》氏を破った長浜《ながはま》の戦いに従軍した。

南近江《おうみ》の守護・六角《ろっかく》氏に臣従していた浅井《あざい》氏は同年、野良田《のらだ》の戦いで主家の六角氏を破った。この時、16歳の浅井長政《ながまさ》も参戦し、見事な戦いぶりを見せたという。同年4月頃、長政は六角氏から迎えた正室と離婚し、六角氏との絶縁を発表していた。この戦いを皮切りに、浅井氏は戦国大名へとのし上がるのであった。

1561年 第4次川中島の戦いが始まる

武田信玄と上杉謙信が激突した川中島の戦いはどっちが勝者？

一進一退を繰り返した戦国最強を決める戦い

東国における龍虎の対決ともいえる**川中《かわなか》島《じま》の戦い**。約12年間、5度にわたって争われた武田《たけだ》信玄《しんげん》と上杉《うえすぎ》謙信《けんしん》の合戦である。その原因は、まず関東管領《かんとうかんれい》の上杉憲政《のりまさ》の動きに関係する。**河越夜戦《かわごえやせん》**（1546年）で敗れた憲政は、上野平井《こうずけひらい》城（群馬県）へ逃れたが抗しきれず、越後《えちご》の守護代《しゅごだい》・長尾景虎《ながおかげとら》（のちの上杉謙信）に身を寄せた。同時期、武田信玄は信濃《しなの》侵攻を本格的に開始。北条や今川と「**甲相駿三国同盟**」を成立させた。村上義清《むらかみよしきよ》や小笠原長時《おがさわらながとき》は必死に防戦し、砥《と》石《いし》城の戦いなど一時は信玄を撃退するが、結局は敗れ、村上らも越後へと逃れた。

1553年9月1日、謙信は村上らの頼みを聞き入れ、北信濃の布施《ふせ》へ出陣した（第1次川中島の戦い）。目的は信玄に奪われた村上氏らの旧領奪回のため、及び越後との国境周辺を武田軍から守る目的もあった。謙信は先鋒隊を退け、さらに塩田《しおだ》城に籠もる信玄を攻めようとしたが、長期戦を避け20日に越後へ引きあげた。

このようにして両軍は都合5度、川中島で戦ったが、激戦といえるのは1561年に行われた**第4次合戦**のみであった。この年の3月、長尾景虎は上杉憲政の要望を受け、関東の諸将を引き連れて小田原城を包囲した。その折、上杉政虎《まさとら》と名を改め、鎌倉の鶴岡八幡宮で、家督相続と**関東管領職就任**の儀式を行った。以後、関東制圧に本腰を入れるようになる。そのためにも信玄の打倒は急務であると考え、長野盆地南部の妻女山《さいじょさん》に布陣。信玄が新たに築いた拠点・海津《かいづ》城と睨み合う格好となった。

信玄は本陣を八幡原《はちまんぱら》に置いて待ち伏せ、その上で別働隊を妻女山に向けて夜襲をしかけ、下山してきた上杉軍を八幡原に誘い込んで挟撃するという戦術を立てた。だが、謙信はこれを見抜き、夜間に妻女山を下りて夜明けとともに信玄本陣を急襲。不意を突かれた武田軍は多くの死傷者を出し、信玄の弟・武田信繁《のぶしげ》などが戦死。しかし、別動隊が戻ったことで戦局は武田有利に変わり、謙信は撤退。痛み分けに終わった。

続く第5次は睨み合いに終始したため、明確な勝敗はついていないが、最終的には信玄が**北信濃の支配**を続け、謙信は領土を得ていないことから、大局的には武田氏の勝利とみることができる。

武田信玄

［1521-1573］父・信虎を廃して甲斐守護となり、周辺諸国を切り取って勢力を拡大する。　東京大学史料編纂所蔵（模写）

歴史の流れ

武田信玄が信濃を攻略
村上義清らは謙信を頼る

▼

信玄は背後を固めるため
甲相駿三国同盟を結ぶ

▼

川中島で信玄と謙信が
激突（第４次川中島合戦）

川中島で５度も行われた龍虎の激突

信玄と謙信の一騎打ち

『川中島合戦図屏風』に描かれた一騎打ち。真偽は不明だが川中島の戦いの代名詞となった名場面である。　米沢市上杉博物館蔵

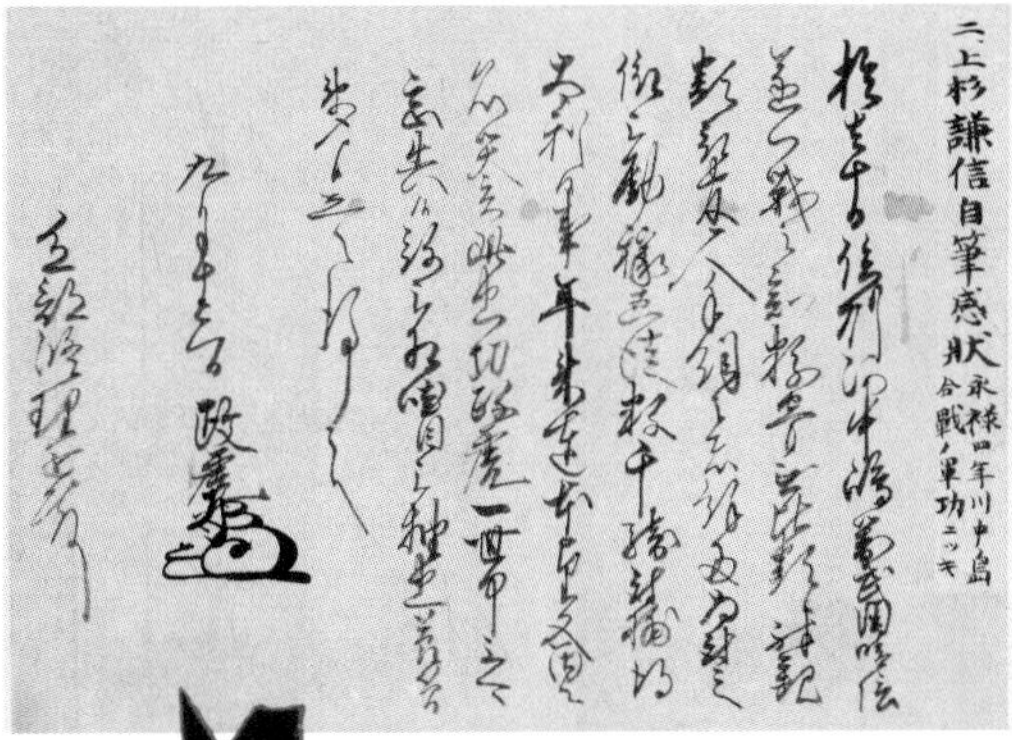

血染めの感状

第４次川中島の戦いで上杉謙信が色部勝長に送った感状。激闘をあらわす意味で「血染め」と表現される。　新潟県立歴史博物館蔵

風林火山の旗

孫子の言葉「疾如風、徐如林、侵掠如火、不動如山」を記した、信玄の戦いを象徴する旗である。　雲峰寺蔵／信玄公宝物館提供

全国の出来事

上杉謙信が小田原城を包囲する

第４次川中島合戦に先立ち、長尾景虎は北条氏康を討伐するため越後から関東へ出陣した。前年（1560 年）、桶狭間の戦いで甲相駿三国同盟の一角、今川氏が崩れた隙を突く形だった。関東管領・上杉憲政を擁しての出兵であり、その号令のもと宇都宮広綱《うつのみやひろつな》、佐竹義昭《さたけよしあき》、里見《さとみ》義弘《よしひろ》、成田長泰《なりたながやす》らが参集し、10 万人規模に増大。北条氏康《ほうじょううじやす》が籠もる小田原城をはじめとする諸城を包囲、攻撃した。

だが１カ月にも及ぶ包囲でも小田原城は落ちず撤兵。以後も関東への出陣を繰り返したが、北条を滅ぼすには至らなかった。

上杉謙信

［1530-1578］北信濃で信玄と戦いつつ 10 数度も関東に遠征した。
東京大学史料編纂所蔵（模写）

1562年 毛利元就が石見銀山を支配

大内・尼子・毛利氏はなぜ石見銀山の支配を目指した？

経済力の源泉となる銀山をめぐる熾烈な攻防戦

16世紀後半から17世紀前半にかけて、日本は東アジア随一の**金**・**銀**・**銅**の採掘地だった。生糸などの貿易対価として中国への輸出も行い、南蛮人の多くも、これらを目当てに海を越えてきた。とくに銀は見栄えが美しいだけでなく、加工しやすく劣化しづらい貴金属として重宝され、そのまま通貨としても用いられたのである。

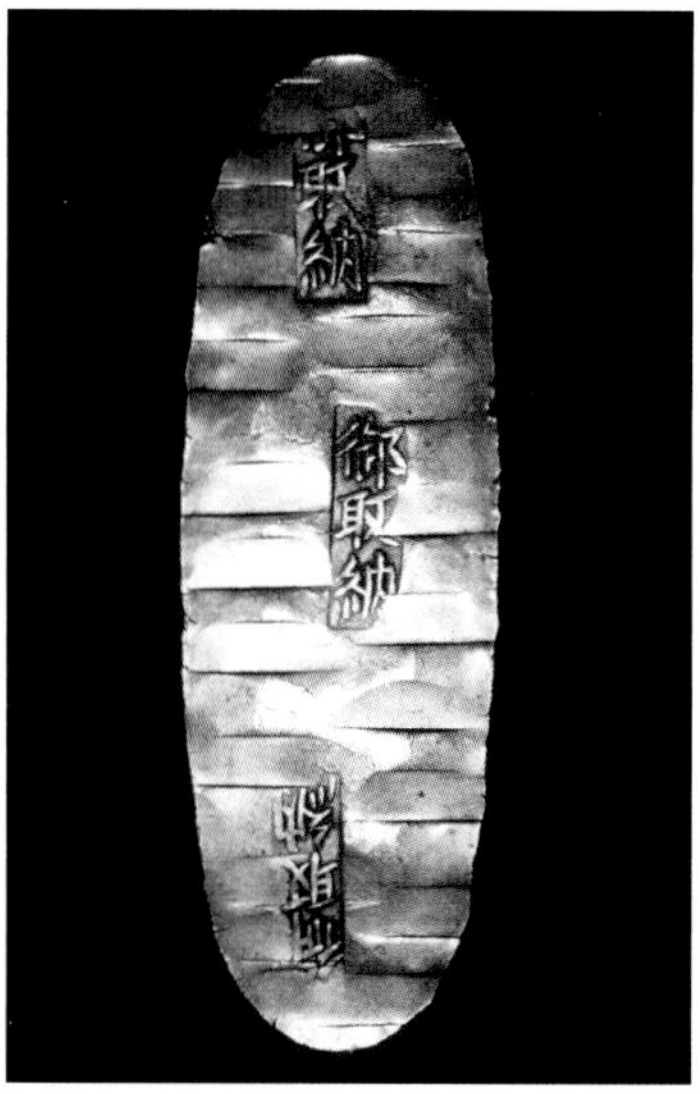

御取納丁銀
毛利元就が正親町天皇の即位に際して献上した丁銀。島根県立古代出雲歴史博物館蔵

そんな当時の日本において、最も産出量が多かったのが**石見銀山**《いわみぎんざん》（島根県）だった。鎌倉時代に発見された鉱山で、16世紀になって石見を支配した大内氏によって本格的な採掘が始まった。１５３３年、博多の大商人・神谷寿禎《かみやじゅてい》が技術者を招いた。朝鮮半島から渡来したという**灰吹法**《はいふきほう》により採掘現場で精錬され、効率的に銀を得られるようになる。この技術が全国の鉱山に広まり、産出量を増大させたという。

当然ながら、これほどの鉱山を他の大名が放っておくはずがない。１５３８年に出雲《いずも》の尼子経久《あまごつねひさ》が石見へ侵攻し、一時的に銀山が奪われた。以後、尼子と大内による**争奪戦**が続く。大内義隆が没すると、陶晴賢《すえはるかた》を倒すなど台頭著しい毛利元就《もうりもとなり》が奪取したが、尼子晴久《はるひさ》との抗争（**忍原**《おしばら》**や降露坂**《こうろざか》**の戦い**）に敗れる。銀山は再び尼子の手に落ちたが、１５６０年12月、名将の誉れ高い晴久が急死する。尼子氏の動揺を察した毛利元就は、またも石見へ侵攻した。跡を継いだ尼子義久《よしひさ》は、毛利との和平を画策するが、元就はそれを逆手にとって「石見不干渉」を和睦の条件に持ちかける。

義久がこの条件を呑んだことで、今まで尼子についていた石見の豪族、とくに温泉《ゆの》津《つ》（沖泊浦《おきどまりうら》）の櫛山《くしやま》城を拠点としていた温泉《ゆ》氏が出雲へ逃れるなどの事態となった。かくして石見銀山は１５６２年以後、約20年もの間、毛利氏が領有した。元就は石見銀山を朝廷に献上して毎年銀１００枚ほどを上納し、正当な支配であることを示した。また毛利氏は石見銀を温泉津から出荷し、大陸との**交易拠点**とした赤間ヶ関《あかまがせき》（山口県下関）で中国製の**硝石**《しょうせき》（火薬の原料）を購入していた。さらに厳島神社にも多くの石見銀を寄附し、回廊の建立費用を負担していたという。軍事や信仰など、あらゆる場に生かされた銀が戦国大名・毛利氏の屋台骨を支えたのである。

歴史の流れ

大内氏が石見銀山を支配
灰吹法で生産量が上がる

▼▼

尼子経久が銀山に侵攻
大内氏との争いとなる

▼▼

尼子氏の衰退により
銀山は毛利元就の手に

世界を席巻した日本の銀を奪い合う

銀の流通ルートと主な銀山（16世紀）

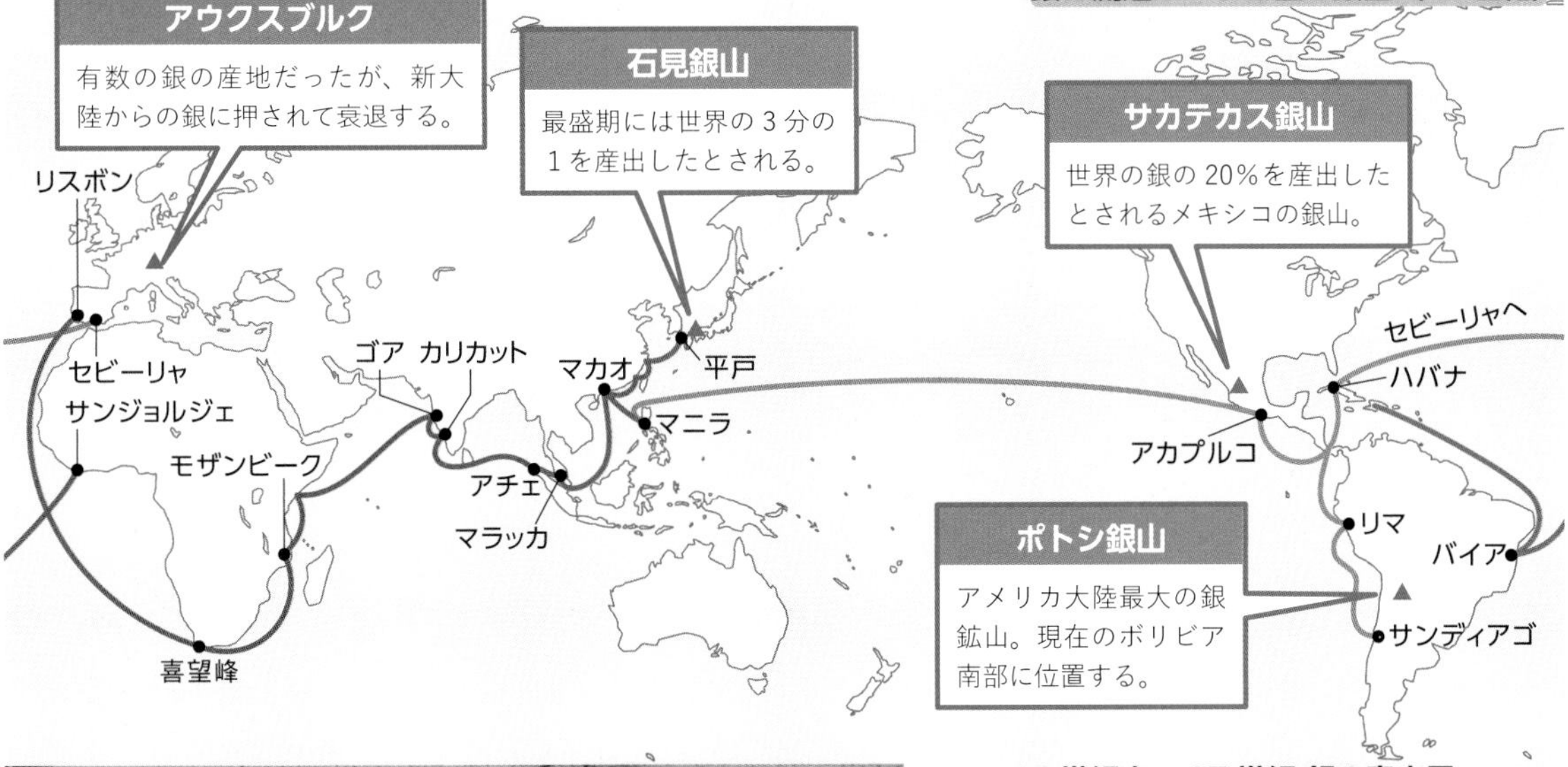

世界地図に描かれた日本
16世紀後半のタルタリア図には、地名だけでなく銀鉱山と記されている。
島根県立古代出雲歴史博物館蔵

16世紀末～17世紀 銀の産出量

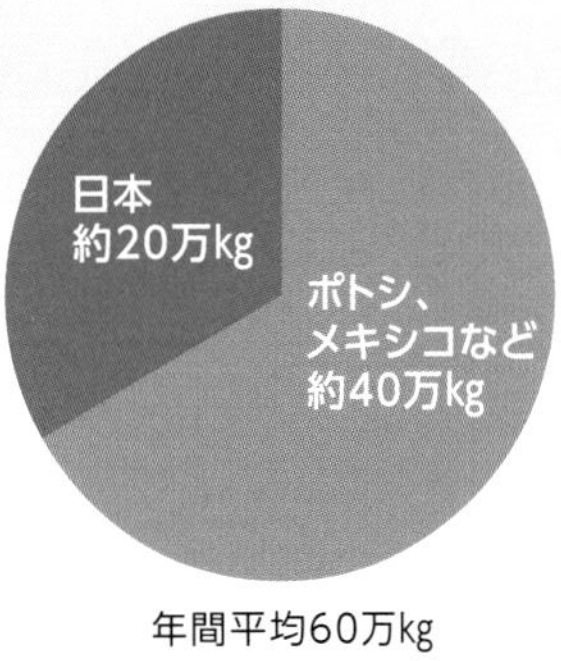

ライバル

何度も元就を苦しめた「尼子晴久」

晴久は当主となった翌年の1538年、石見銀山を攻略。以後、大内や毛利と銀山を奪い合い、毛利元就を幾度も撃退するなど将としても優れた将才を見せた。

大内義隆の滅亡後、1552年に幕府から山陰・山陽8カ国の守護に補任され尼子氏の全盛期を築く。しかし、出雲以外では国人層の反発に手を焼き、同じ尼子一族の新宮党《しんぐうとう》を滅ぼしたことで勢いに陰りが見える。1561年、居城の月山富田城内にて47歳で急逝。その後5年で尼子氏は毛利元就に攻め滅ぼされる。

尼子晴久
［1514-1561］石見銀山を支配するなど尼子氏の最盛期を築く。 山口県立山口博物館蔵

1565年 将軍・足利義輝が殺害される

永禄の変と称される将軍襲撃事件はなぜ起きた？

大名間の調停を行うなど将軍の存在感を高めた義輝

1546年、**足利義輝**《あしかがよしてる》は11歳で将軍に就任。父の義晴《よしはる》から将軍職を譲られ、室町幕府13代将軍となった。ただし、就任式は京ではなく、亡命先の近江《おうみ》で行われた。三好《みよし》長慶《ながよし》との対立により、父の義晴とともに京を追われていたためである。

その後、父の義晴が没し、義輝は京への復帰を狙い、三好長慶と刃を交えるようになる。しかし、義輝はたびたび敗れ、そのたびに近江へ**亡命**を繰り返した。結局、1558年に六角義賢《ろっかくよしかた》の仲介を受け、ようやく長慶と和睦して復帰が叶った。

義輝は将軍権威の回復に努めた一方で長慶を御相伴衆《ごしょうばんしゅう》に加えるなど、三好一門を**厚遇**した。これは必然的に三好氏を室町幕府のもとに組み込み、臣下の礼をとらせる形を意味した。また、川中島で激突した武田信玄と上杉謙信の争いをはじめ、多くの大名家の争いの調停にも動き、1559年には織田信長、斎藤義龍《さいとうよしたつ》、上杉謙信が上洛。それぞれが義輝との謁見を望み、権威の向上を狙った。その際、上杉謙信は七免許と呼ばれる管領《かんれい》並みの特権が与えられた。義輝は、このように将軍らしく振舞うことで三好氏の傀儡からの脱却を試みる。しかし、1564年に長慶が病没し、養子の義継《よしつぐ》が家督を継ぐと、にわかに状況が変わる。義継が若年のため、後見役の松永久秀《まつながひさひで》や**三好三人衆**（三好長逸《ながやす》・三好宗渭《そうい》・岩成友通《いわなりともみち》）の影響力が強まるのである。彼らは義輝の復権を嫌い、**傀儡体制**の維持のため別の将軍（義輝の従兄弟・足利義栄《よしひで》）を立てようと画策。かろうじて保たれていた将軍家と三好氏との関係に亀裂が生じていく。

1565年5月、事件は突然起きた（**永**《えい》**禄**《ろく》**の変**）。義継を後見する三好三人衆と松永久通《ひさみち》（久秀の息子）の軍勢1万が上洛し、義輝の居所である**二条御所を襲撃**したのだ。御所には数百の警護しかおらず、それでも義輝主従は奮戦し、敵兵を果敢に食い止めたが、ついに多勢に無勢で討たれてしまった。この軍勢の上洛はあらかじめ取り決められたものだったが、偶発的に襲撃に発展した可能性も考えられる。この後、三好と松永は対立し、都の情勢はさらに混沌としたものとなっていく。

歴史の流れ

将軍・足利義輝は
仇敵の三好氏を厚遇

▼▼

大名の争いを調停し
将軍の存在感を高める

▼▼

**再び三好氏と対立した結果
御所を襲撃される**

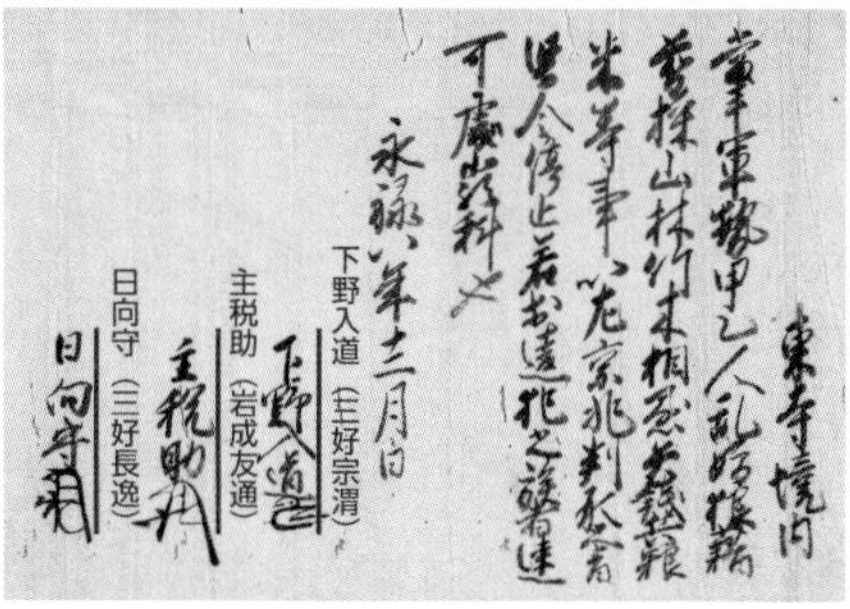

三好三人衆

三好三人衆が東寺に出した禁止事項や掟を知らせる文書「禁制」。3人の名前が記されている。

京都府立京都学・歴彩館 東寺百合文書 WEB

傀儡をよしとせず将軍権威の復活を願う義輝

1450

義輝の愛刀「基近造《もとちかつくる》」

剣豪の塚原卜伝に剣術を学んだといわれる義輝の刀。三好三人衆の襲撃を受けた際、自ら薙刀を振り回し、刀を抜いて奮戦したという。　刀剣ワールド財団蔵

1480

足利義輝

［1536-1565］父・義晴の亡命先の近江で将軍となり、自らも三好長慶との対立により、近江朽木谷へ５年間亡命した。　東京国立博物館蔵

1510

1540

1570

将軍御所

狩野永徳の屏風絵「洛中洛外図」に描かれた将軍御所。３代将軍・義満の時代には「花の御所」と称えられた。　米沢市上杉博物館蔵

1600

狩野永徳が描いた「許由巣父《きょゆうそうほ》図《ず》」２幅のうちの１幅。

東京国立博物館蔵

戦国の文化人

天下一の絵師「狩野永徳」

室町時代から江戸時代まで、日本画壇をリードした狩野派。その代表的な画人が狩野永徳《かのうえいとく》である。織田信長が築いた安土城に障壁画《しょうへきが》を描いたことや、豊臣秀吉の政権下での大坂城、聚楽第《じゅらくてい》の障壁画も担当するなど、権力者に重く用いられた。その代表作の一つに屏風絵「洛中洛外図」がある。京都の中心部（洛中）と郊外（洛外）を描き、一双全体で登場する人物は総勢約 2500 人。将軍・足利義輝が永徳に発注したとされるが、義輝は非業の死を遂げた。のちに上洛した織田信長がそれを購入し、上杉謙信に贈ったと伝わるもので、米沢市上杉博物館に伝来している。

1567年 織田信長が「天下布武」印を使い始める

織田信長の「天下布武」印は全国統一の表明なのか?

天下とはどこを指すのか 布武とは何を意味するのか

日本各地で大名らが利権をめぐり争う中、戦乱をおさめ、天下統一せんとする者がいた。尾張《おわり》の**織田信長**である。

織田氏は尾張の在地領主にすぎなかったが、次第に力をつけ那古野《なごや》（名古屋）、熱《あつ》田《た》を支配。一時は三河《みかわ》まで侵攻した。しかし駿河《するが》の今川義元《いまがわよしもと》、美濃《みの》の斎藤道三《さいとうどうさん》といった強大な勢力に囲まれていたため、打開策として道三の娘を正室に迎える。道三は信長を気に入り、両者は信頼しあっていたものの、1556年4月、道三は突如、息子の義龍《よしたつ》に討たれてしまう。信長は舅の敵討ちとして美濃に攻め入ったが失敗。二国間で緊張状態が続くこととなった。

しかし信長が今川義元を討った**桶狭間《おけはざま》の戦い**翌年の1561年、斎藤義龍が病によって急死。義龍の息子・龍興《たつおき》が跡を継いだ。当主の代替わりで美濃が混乱している間に、信長は松平元康《まつだいらもとやす》（のちの徳川家康）や浅井長政《あざいながまさ》、武田信玄《たけだしんげん》と同盟を結び、斎藤氏を圧迫していく。さらに居城を清須《きよす》城から小牧山城に移して美濃攻略の足がかりとすると、1565年には同族の織田信清《のぶきよ》を滅ぼし、**尾張統一**を果たした。

信長が破竹の勢いで支配地を広げる一方、京では13代将軍・足利義輝《あしかがよしてる》が、三好三人衆らに殺害されるという事件が起こった。義輝の弟・義昭《よしあき》は越前《えちぜん》に逃れるも、将軍の座に就くべく信長に上洛を手伝うよう要請する。信長は義昭に協力することを決め、京を目指すことになった。

しかし上洛するためには、斎藤氏という最大の障害を取り除かなければならない。1567年8月、信長はついに斎藤氏の居城・稲葉山《いなばやま》城を落とし、龍興を敗走させた。望みをかなえ、稲葉山城に入った信長は、城を改築して岐阜城と改める。信長が書状に「**天下布武《てんかふぶ》**」の朱印を用いるようになったのは、この頃からだ。これまで「天下布武」とは「（信長の）武力で天下を統一する」という意味とされてきた。しかし近年、「天下」とは幕府および京を含む畿内を指し、少なくともこの時点で信長は「将軍を中心とする幕府の統治」を望んでいたという見方が強まっている。

織田信長
［1534-1582］岐阜の名は、禅僧の沢彦宗恩が提案した３つの候補から選んだという。　長興寺蔵

歴史の流れ

尾張を統一した信長は
次の目標を美濃に設定

▼

足利義昭の上洛を
手伝うことを決める

▼

**美濃を落とした信長は
天下布武の朱印を使う**

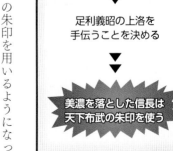

「天下に武を布く」との志を掲げた信長

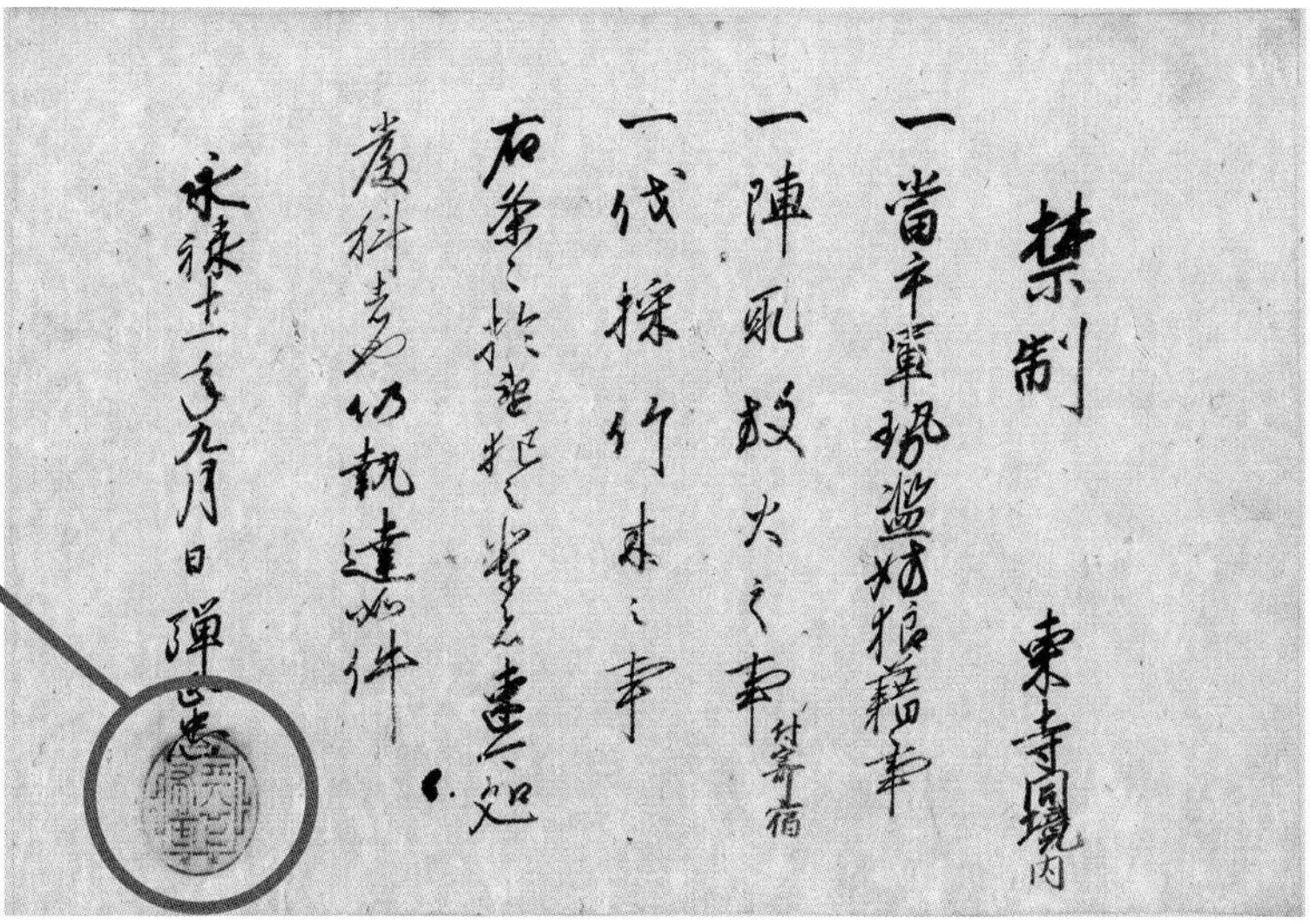
禁制　東寺境内
一　当手軍勢濫妨狼藉事
一　陣取放火之事　付寄宿
一　伐採竹木之事
右条々於違犯之輩者速可処厳科者也仍執達如件
永禄十一年九月日　弾正忠

天下布武の印が押された書状
1568 年 9 月に上洛を開始した織田信長が、東寺に出した「禁制」。天下布武の印が押されている。
京都府立京都学・歴彩館 東寺百合文書 WEB

信長居館復元 CG
織田信長が岐阜城の山麓に築いた居館の復元イメージ。ここを訪れた宣教師のルイス・フロイスは「地上の楽園」と評した。
岐阜市提供

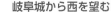

岐阜城から西を望む
眼下に流れるのは長良川。日が沈む方向に京の都がある。天守からは尾張方面も一望でき、気宇壮大な目標を掲げる気持ちもうなずける。
岐阜県岐阜市

全国の出来事

宇喜多直家が狙撃による暗殺を実行

宇喜多《うきた》氏は備前《びぜん》の浦上《うらがみ》氏に仕えていた名族だったが、直家《なおいえ》の祖父・父の代に没落。のちに再び浦上氏家臣に返り咲き、当主・宗景《むねかげ》の寵愛を得て出世。やがて織田信長についた宗景を追放する。1566 年 2 月、直家は備中《びっちゅう》の三《み》村家親《むらいえちか》を排除すべく、火縄銃の扱いに長けた遠藤兄弟に射殺を命令。家親は寺での軍議中に撃たれ、死亡した。これは日本初の銃による暗殺事件とされる。こうした直家による暗殺、謀殺事件は数多く、特に親類縁者の被害者が目立ったことから冷酷無比な悪人とされてきた。しかし昨今は、下剋上の世をうまく立ち回ったリアリストとして評価が見直されつつある。

三村家親が狙撃された興善寺跡に立つ供養塔。
久米南町教育委員会提供

1568年 足利義昭を奉じて織田信長が上洛

足利義昭が織田信長を頼ったのはなぜか？

足利義昭と織田信長の両者の利害が一致する

足利義昭《あしかがよしあき》は将軍家の血筋ながら次男であったため出家し、僧となっていた。しかし兄の義輝《よしてる》が暗殺されたことで状況は一変。一度は捕らわれるが、義輝の家臣だった**細川藤孝**《ほそかわふじたか》らに助けられて南都を脱出した。

義昭は、はじめ近江《おうみ》の和田惟政《わだこれまさ》のもとに身を寄せた。そして藤孝らの説得によって次期将軍としての自覚を持つようになると、京へ戻ることを熱望。義昭は武田《たけだ》・北《ほう》条《じょう》・上杉《うえすぎ》氏や六角《ろっかく》・浅井《あざい》氏といった、敵対する大名らの間に入って和睦させ、そのうえで自身の上洛を助けるよう促した。しかし自国の平定に忙しい大名の反応は、おしなべて薄い。それでも義昭はあきらめず、より京都に近い野洲郡矢島《やすぐんやしま》(滋賀県守山市)や、娘婿がいる若狭《わかさ》など、**各地を転々**としながら協力者を求め続けた。

1566年9月、義昭は懇意にしていた越前一乗谷《えちぜんいちじょうだに》の**朝倉義景《あさくらよしかげ》の庇護**を受けることになった。しかし義景も上洛に対しては消極的で、そのまま2年の年月が経ってしまう。この間に京では、三好三人衆《みよしさんにんしゅう》に担がれた義昭の従兄弟・義栄《よしひで》が14代将軍に就任した。

そんな中、義昭は元・斎藤氏家臣で現・朝倉氏家臣の**明智光秀**《あけちみつひで》から、織田信長という男の評判を聞く。そして信長が美濃《みの》攻めに手間取っていると知るや、光秀や細川藤孝らを遣わして美濃の斎藤氏と和睦させた。いっこうに動こうとしない朝倉よりも、大大名の今川義元《いまがわよしもと》を討ち、尾張《おわり》統一を成した信長の勢いを利用しない手はなかったのだ。

この義昭の要請に対して信長は、上洛に必要な金銭や品々を用意するなど前向きに応えている。次期将軍を奉じて京に入り、幕府を再興させるという大仕事を成しとげれば、己の名声が一段と高まると考えたのだ。信長にとっても、義昭の要請は千載一遇のチャンスだった。

1568年10月、信長に奉じられた義昭は念願の**上洛**を果たした。すでに義栄は病没していたため、義昭は**15代将軍**に就任。信長は京の三好勢を追い払い、義昭のため居館を設けるなど尽くした。義昭は信長に深く感謝するとともに、信長を副将軍の職に据えようとする。これは信長の身分的には異例の厚遇であったが、信長はこれを断っている。その理由は定かではないが、義昭と対等な立場を望んだためや、京に常駐するよりも本国の尾張・美濃の統治を重視したためなどといわれている。

鞆の浦

のちに信長に追放された足利義昭が、小早川氏に身を寄せ1587年まで過ごした鞆の浦。

広島県福山市

歴史の流れ

将軍・足利義輝が家臣に殺害される

▼

義昭は朝倉義景を頼るも義景に上洛の意思がない

▼

尾張の新興勢力 織田信長に目をつけ上洛

居場所を転々とした足利義昭

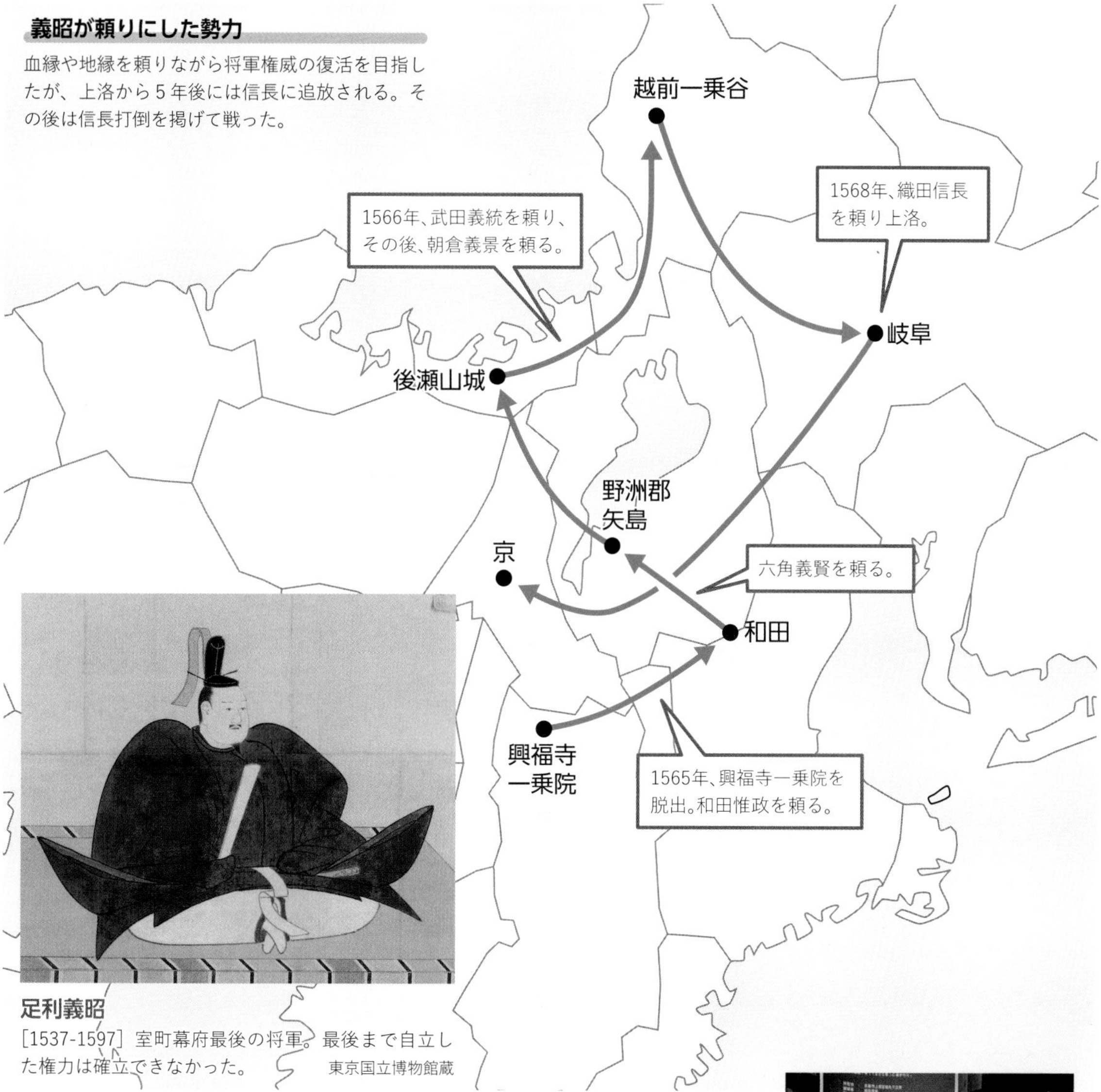

六角義賢を頼る。

興福寺一乗院
1565年、興福寺一乗院を脱出。和田惟政を頼る。

義昭が頼りにした勢力

血縁や地縁を頼りながら将軍権威の復活を目指したが、上洛から５年後には信長に追放される。その後は信長打倒を掲げて戦った。

足利義昭
[1537-1597] 室町幕府最後の将軍。最後まで自立した権力は確立できなかった。　東京国立博物館蔵

戦国を知る

戦国大名が目指した「上洛」とは？

上洛とは京(平安京)に入ることで、「洛」とは中国の都「洛陽《らくよう》」にちなむ。応仁《おうにん》の乱で将軍の力は衰えたが、依然「武家の棟梁《とうりょう》」としての権威は根強く、さらに京には天皇と朝廷があったので、戦国の世でも京は日本の中心と見なされていた。武士はこれまで、幕府や朝廷から官位・役職をもらうことで政治的影響力を高めてきた歴史がある。特に中央権力を手にできれば、全国の大名に命令することも可能なのだ。そのため上洛を夢見る大名は多かったが、本文で触れた通り、ほとんどの大名は領国のことで手一杯であった。

信長が義昭のために建てた二条城跡の碑。　京都市上京区

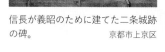

1570年

織田信長が命からがら金ヶ崎から帰京

浅井長政はなぜ義理の兄 織田信長を裏切ったのか？

絶望的な状況を脱した信長だが 反信長勢力が次々と誕生する

足利義昭《あしかがよしあき》を将軍につけた織田信長は、1570年正月、義昭に**21カ条の「掟書《おきてがき》」**を提示した。それらは「文書を出す前は信長に内容を知らせること」「信長は将軍の承諾を得ることなく、独断で逆らう者を成敗できる」など、義昭より信長のほうが上だということを示す内容だった。そしてこの掟書と同時に、信長は畿内の諸大名に対して「上洛して天皇、将軍に礼参せよ」と触れを出す。しかし越前《えちぜん》の朝倉義景《あさくらよしかげ》は、これを拒否し続ける。信長は義景を「幕府の命に従わない反逆者」と見なし、**朝倉討伐**を決定。京より出陣した。

信長は朝倉方の支城を次々に落とすと、本拠地・一乗谷《いちじょうだに》を叩くため、軍勢を越前金ヶ崎《かねがさき》城へ集結させた。その時、信長のもとに、同盟者である**浅井《あざい》長政《ながまさ》が裏切り**、背後を襲いに来るという急報が届く。信長は朝倉・浅井に挟まれる形となり、一気に窮地に陥った。長政は信長の妹・お市の夫である。長政は義兄を慕っており、信長も長政の宿敵・六角《ろっかく》氏を攻め滅ぼすなどして積極的に協力していた。そのため、信長は長政の裏切りをすぐには信じられなかったという。

長政が信長を裏切った理由については、浅井氏と朝倉氏は長年同盟関係にあったので、朝倉を攻めないよう信長と「約束」していたが、それが破られたため、やむなく裏切ったというのが一般的だ。しかし、そもそも浅井・朝倉が同盟関係にあったかどうか確証はなく、また信長と交わした「約束」を裏付ける史料もない。そのため、「信長の革新的な考えについていけなくなった」など、後世様々な説が生まれている。

かくして信長は、絶望的な状況下での退却を強いられた。世に言う「**金ヶ崎の退き口**」である。この時、殿《しんがり》の役目を負ったのが**木下藤吉郎《きのしたとうきちろう》、のちの豊臣秀吉**だ。殿とは、本隊を守りつつ最後尾で敵の攻撃を食い止めるという難役で、生還率はゼロに等しい。しかし秀吉の奮戦、浅井・朝倉軍の連携不足など幸運が重なり、木下隊は見事にその役目を果たし、信長も無事岐阜に帰還した。秀吉はこの功績が認められ、のちの大出世につながったとされる。

帰陣した信長は態勢を整えて再び挙兵。近江《おうみ》の**姉川《あねがわ》**で浅井・朝倉連合軍と激突し、勝利を飾った。しかしこののちも反信長勢力が次々と現れ、信長を追い込んでいく。

浅井長政

[1545-1573] 国人領主だった浅井氏を戦国大名にまで押し上げた実力者。

間内駅前／愛知県小牧市

歴史の流れ

朝倉義景に上洛を拒否された織田信長は朝倉を攻める

▼▼

浅井長政の裏切りにあうも九死に一生を得る

▼▼

足利義昭に味方する反信長勢力が誕生

1450 / 1480 / 1510 / 1540 / 1570 / 1600

浅井・朝倉連合軍VS織田・徳川連合軍

「姉川合戦図屏風」

織田軍と朝倉軍を描かず、徳川軍と朝倉軍の激突場面のみ描いていることから、家康顕彰のために製作されたと考えられる。

福井県立歴史博物館蔵

白馬を駆り大太刀を振るう武者は真柄十郎三郎直元（直基、隆基とも）。真柄十郎左衛門直隆の子で、父と同じく大太刀を振るう豪傑だった。姉川の戦いで奮戦するも徳川家康の家臣・青木一重に討ち取られた。

姉川七本槍。屏風右から伊達与兵衛、伏木久内、中山是非之助、吉原又兵衛、門奈左近右衛門、林平六、渡辺金太夫。

「厭離穢土 欣求浄土」と大書された家康の旗印、金扇の馬印が描かれた本陣。旗本に囲まれ床机に座る人物が徳川家康。

大太刀を振るって奮戦した豪傑・真柄直隆。息子の直元も父と同じく大太刀を使った。親子の大太刀は、太郎太刀、次郎太刀として熱田神宮に納められている。

ライバル

信長に頭を下げさせた「朝倉義景」

朝倉氏は将軍家と縁が深く、都から公家が多く移り住んだため、本拠地の一乗谷は「北の京」といわれて繁栄した。何不自由なく成長した義景は、名家のプライドからか信長を見下しており、浅井氏や比叡山延暦寺と組んで抵抗し続けた。

『三河物語《みかわものがたり》』によると「志賀《しが》の陣《じん》」での講和の際、信長は義景に「我は二度と（天下を）望みなし」と土下座したという。ただしこれは信長の芝居で、気を良くした義景はその後、何度も判断を誤り、朝倉氏の崩壊を招いてしまうのだった。

朝倉義景

［1533-1573］足利義昭を一乗谷で保護し、元服をさせている。東京大学史料編纂所蔵（模写）

1572年

武田信玄と徳川家康が三方ヶ原で戦う

三方ヶ原の戦いは家康の生涯で唯一の惨敗？

徳川家康
[1542-1616] 三方ヶ原の戦いで1万ほどの軍勢を率いて2万5000の武田軍に挑んだ。　愛知県岡崎市

血気盛んな青年家康は信玄に決死の攻撃を仕掛ける

織田信長の権力が増すにつれ、幕府内外問わず信長に反発する者が多くなり、信長と将軍・足利義昭《あしかがよしあき》の間にも不穏な空気が流れ始める。

そんな中、1572年10月、甲斐《かい》の**武田《たけだ》信《しん》玄《げん》**が動き出し、**徳川家康**が治める**三河《みかわ》・遠江《とおとうみ》に侵攻**した。通説では信玄の挙兵は「信長を嫌った義昭の求めに応じてのこと」とされてきたが、この頃はまだ信長と義昭は明確には対立しておらず、信玄は信長に天下をゆだねるべきではないと判断した結果、信長の同盟者である徳川領を攻めた（つまり義昭の思惑ではない）とも考えられている。

信長は信玄とも同盟を結んでいたため、信玄の挙兵は信長にとって寝耳に水だった。信長はすぐさま家康へ援軍を送っているが、強大な武田軍に勝てると思えなかったのか、ごく最低限の兵力にとどめている。

信玄は居城・浜松《はままつ》城を攻めてくると考えた家康は、兵力差を考え城にとどまって迎え撃つ籠城戦の準備を進めた。しかし信玄はその浜松城の前を素通りし、**三方ヶ原《みかたがはら》**へと向かってしまう。無視されたと感じた家康は激怒。武田軍の背後を突けば勝機はあると考え、家臣らの制止を聞かずに出陣した。

しかしこれは信玄の予想通りの展開だった。信玄は「魚鱗《ぎょりん》の陣《じん》」という前方の攻撃に強い陣形をとり、徳川軍を待ち構えていたのだ。甲斐の虎の罠にまんまとはまった家康は、左右に広がる「鶴翼《かくよく》の陣《じん》」で応戦するも、多勢に無勢であっという間に蹴散らされてしまう。家康の盾となった多くの重臣が戦死、家康は命からがら浜松城に逃げ帰った。この時、城門をあえて開け放ち、相手の警戒心を煽る「空城《くうじょう》の計《けい》」を用いて何とか武田軍の追撃を防いだものの、文字通りの惨敗だった。

家康はこの戦を教訓とするため、顔をしかめた自らの姿を絵師に描かせたという。これが有名な「**しかみ像**」だが、実は近年、この絵と三方ヶ原の戦いを関連付ける記録はなく、絵はこの時の家康ではないという説が提唱され、大きな話題を呼んだ。いずれにせよ、この戦で家康が大損害をこうむったのは間違いない。以後、家康は慎重に慎重を重ねるようになり、情勢とタイミングを見極めたうえで最後の敵・豊臣氏を滅ぼすことに成功する。三方ヶ原の戦いが「**家康の生涯唯一の負け戦**」といわれる所以《ゆえん》だ。

歴史の流れ

武田信玄が徳川領に侵攻を開始する

▼▼

家康は信長に援軍を求め信長は少数の兵を派遣

▼▼

信玄は家康の籠もる浜松城を素通りし三方ヶ原で決戦

武田信玄が圧勝した三方ヶ原の戦い

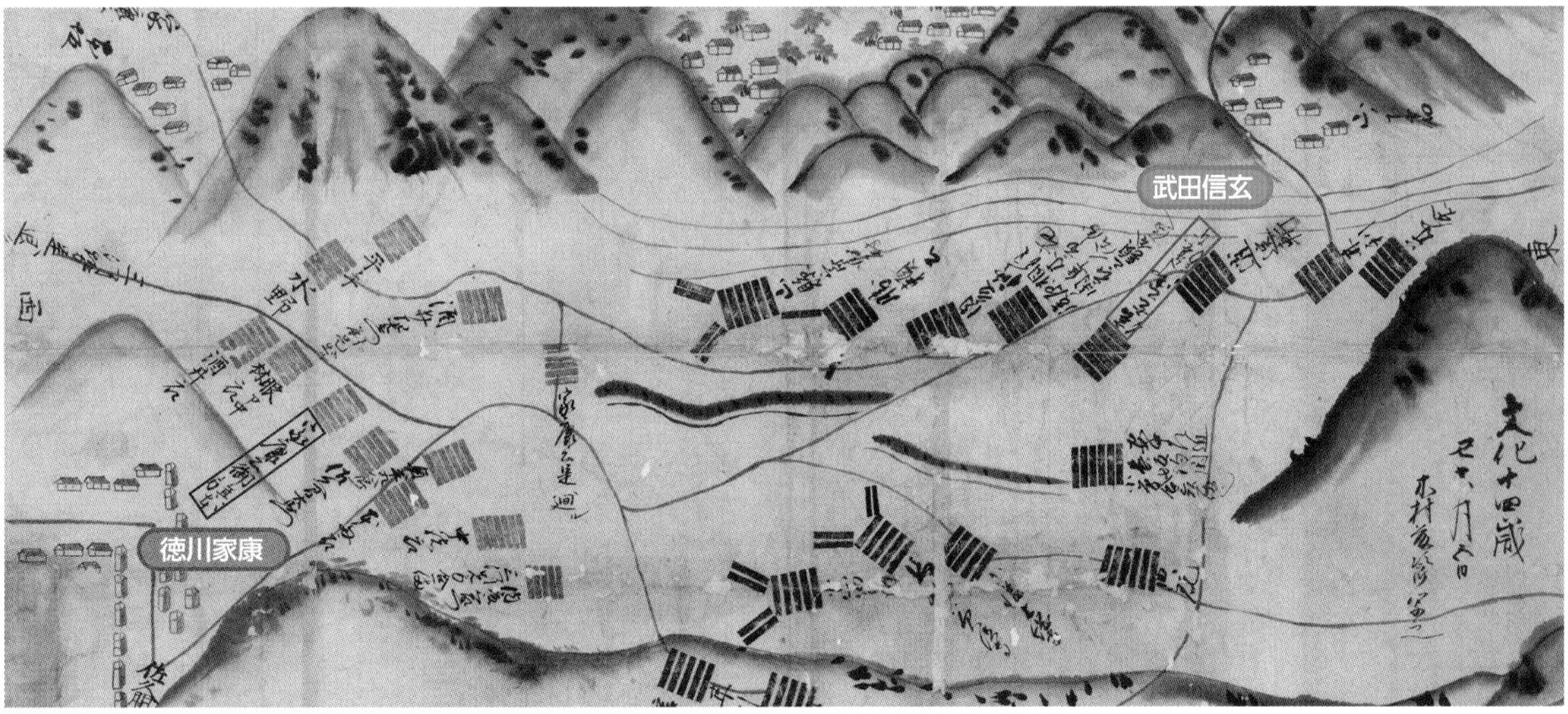

「遠江味方ヶ原合戦図」

江戸時代に描かれた三方ヶ原の戦いの地図。赤が徳川、黒が武田軍である。戦いに勝った武田軍は、三方ヶ原北の刑部（おさかべ）で年を越した。 浜松市博物館蔵

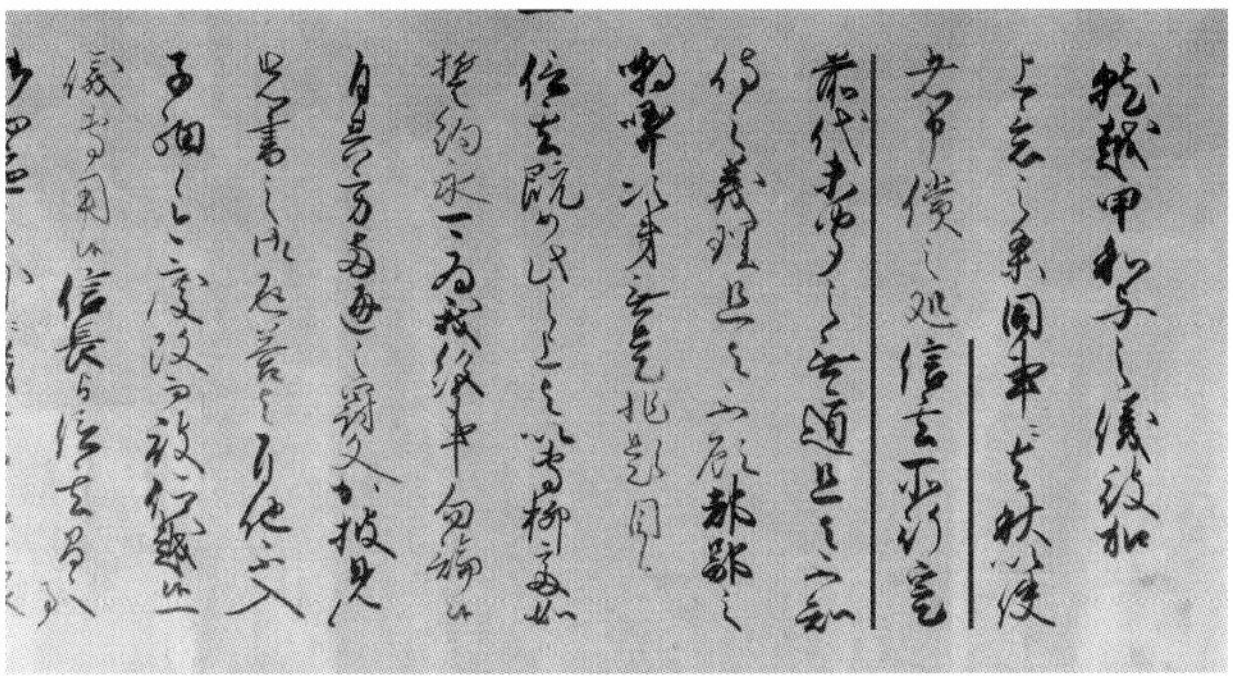

怒り心頭の織田信長が上杉謙信に宛てた書状

三方ヶ原の戦いの１カ月前、同盟を結んでいた信玄と断交し、上杉謙信と結ぶことを伝えた書状（写し）。「武田信玄の行いは前代未聞の無道で、侍の義理を知らない」と怒りを露わにしている。 真田宝物館蔵

祝田坂の旧道

家康は祝田坂を下る武田軍を背後から襲うために浜松城から出撃したが、これを読んでいた武田信玄は、三方ヶ原で家康を待ち構えていた。 静岡県浜松市

全国の出来事

島津義弘が兵力差 10 倍の敵を破る

三方ヶ原の戦いの約半年後、九州の日向《ひゅうが》で少数の兵が大軍に勝つという三方ヶ原とは真逆の出来事があった。1572 年、伊東氏は 3000 の兵を率い、島津義弘《しまづよしひろ》が守る飯野《いいの》城と加久藤《かくとう》城へ攻め寄せる。対する島津軍はわずか 300 ほどだった。しかし義弘は伏兵をたくみに使って敵を翻弄。伊東軍を木崎原《きざきばる》へ追い込むと、退くと見せかけて敵を叩く「釣り野《の》伏《ぶ》せ」戦法で、伊東軍を壊滅させた。

伊東氏はこの敗北で急速に衰退。日向を手に入れた島津氏は、九州の一大勢力へ成長していくのだった。

島津義弘

[1535-1619] 関ヶ原での敵中突破など、勇猛果敢な逸話に事欠かない義弘。 鹿児島市立美術館蔵

1573年

足利義昭が追放され室町幕府が滅亡する

将軍・足利義昭はなぜ織田信長と敵対したのか?

西上途中での武田信玄の死去が義昭の反信長プランを狂わせる

足利義昭《あしかがよしあき》と織田信長《おだのぶなが》が敵対する引き金となったのは、１５７２年９月に信長が義昭に対して提出した**「十七カ条の異見書《いけんしょ》」**だとされてきた。これは「信長がこれだけ勧めているのに、朝廷への参内を怠るとは何事ですか」「農民までもあなたを『悪御所《あくごしょ》』と呼んでいます。その理由をよくお考え下さい」などと義昭の行いを痛烈に批判したもので、しかもそれを各国の大名へ送っていることから、義昭は自尊心を傷つけられ信長を討つ決意を固めたという。しかし近年の研究で、三方ヶ原《みかたがはら》の戦いで信長が援軍を送ったにもかかわらず家康が敗北したことから、幕府内で信長よりも信玄を支持する者が増えたためという説や、信長が信玄の侵攻に気を取られ、京の警備をおろそかにするのを不安視した、などという説が唱えられている。先の「十七カ条の異見書」は「悪いのは義昭」ということを世間に知らしめ、義昭を牽制する意図があった可能性があるという。三方ヶ原の戦いでの敗北が、信長と義昭の直接的な決裂につながったのだ。

かくして１５７３年、義昭は**反信長派**の者たちに呼びかけ、自らも兵を集めて出陣した。反信長派とは武田信玄《たけだしんげん》や浅井長政《あざいながまさ》、朝倉義景《あさくらよしかげ》、比叡山延暦寺、本願寺《ほんがんじ》などで、信長は敵に囲まれた形となってしまった。これがいわゆる**「信長包囲網」**である。信長は息子を人質に出してまで講和を結ぼうとした。信長の慌てぶりがうかがえよう。しかし義昭が講和を拒否したため、信長は京の二条を焼き討ちして義昭を追いつめ、半ば強引に講和を迫った。正親町《おおぎまち》天皇の取り成しにより何とか一時停戦となったが、敵に囲まれている状況に変わりなく、まさに万事休すであった。

しかしここで思わぬ事態が発生する。武田信玄が上洛の途上で病没したのだ。最大の脅威が去った信長は勢いを盛り返し、義昭が立て籠もる宇治《うじ》の槇島《まきしま》城を攻撃。義昭を降伏させ、京より追放した。

通説ではここで**室町幕府は滅亡**したということになるが、実は京を追われてもなお義昭は各国の大名に対して信長を討つよう呼びかけており、将軍として一定の影響力は保っていた。しかし結局信長の勢いを止めることはできず、義昭が京に戻るのは、信長が本能寺で死去したあとのことになる。

槇島城跡

足利義昭が籠もった槇島城は、川に囲まれた天然の要害にあった。景観が変わった現在は、碑にその存在を留めるのみ。

京都府宇治市

歴史の流れ

信長が義昭の行跡を諌める
17 カ条の異見書を出す

▼

義昭が反信長の勢力を結集
信長包囲網が敷かれる

▼

信長が義昭を京から追い出し
室町幕府は滅亡する

織田信長を苦しめた信長包囲網

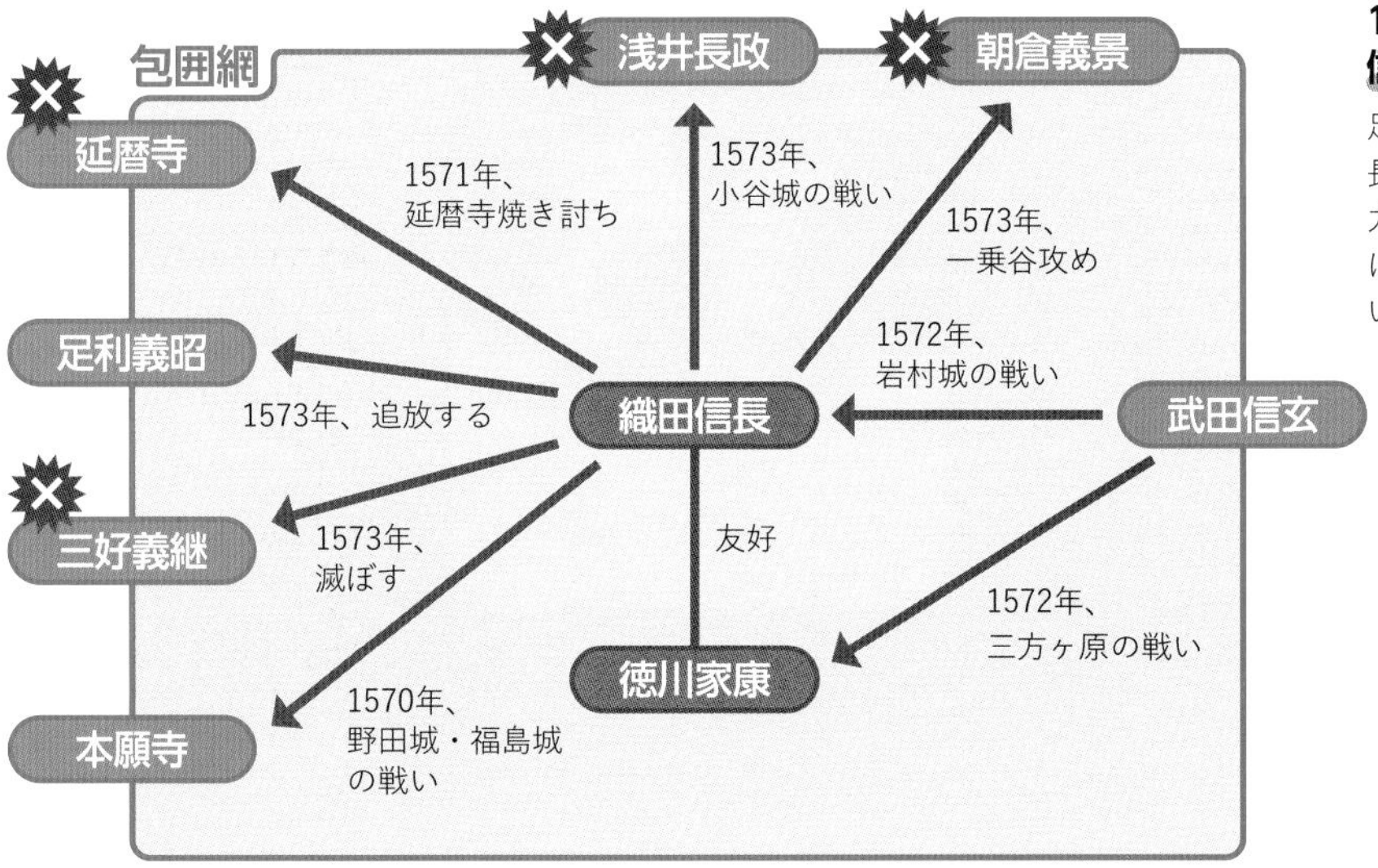

1568～1573年頃の信長VS反信長勢力

足利義昭を奉じて上洛した信長は、その直後から畿内の勢力や宗教勢力と対立することになり、東奔西走の戦いを強いられた。

1575年以降の信長VS反信長勢力

武田信玄死後、包囲網は破綻するが、足利義昭は再び包囲網を再構築し、上杉氏や毛利氏といった大大名も参加する。

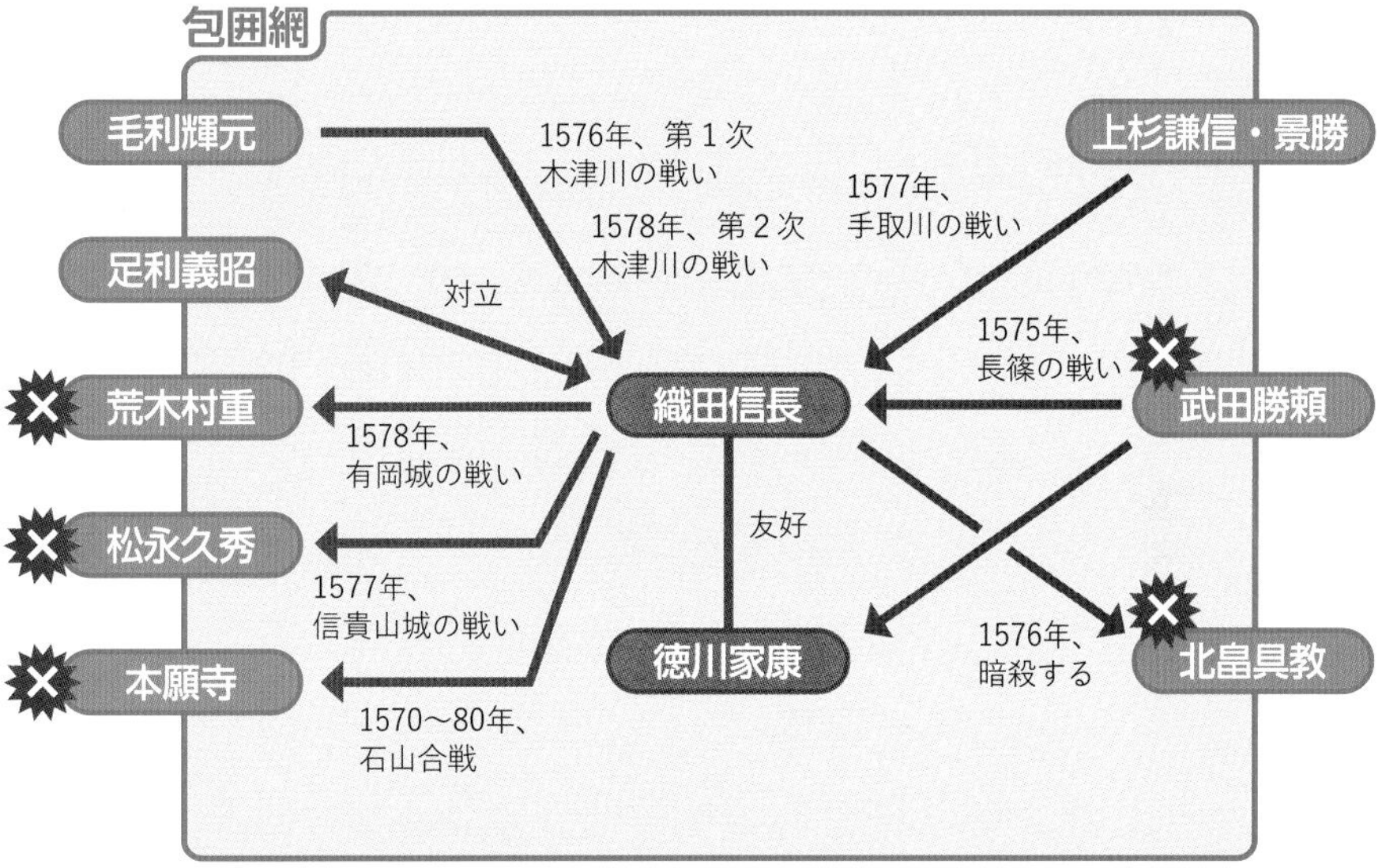

伊達輝宗

[1544-1585] 近隣の勢力だけではなく、北条氏康や織田信長などにも使者を送り、遠方の外交も重要視した。

仙台市博物館蔵

全国の出来事

伊達輝宗が奥羽でいち早く信長と友好を結ぶ

伊《だ》達《て》輝宗《てるむね》は「独眼竜」の異名で知られる伊達政宗《まさむね》の父親だ。輝宗が当主となった頃の伊達氏は、輝宗の祖父と父の対立による内乱(天文《てんぶん》の乱)で勢力が弱まっていた。家督相続後は家臣を粛清するなどして家《か》中《ちゅう》をまとめ、権力を確立させた。

信長を見込んだ輝宗は、義昭追放の1573年に贈り物を届け、2年後には信長へ鷹を贈った。鷹狩りを好む信長はとても喜び、以後互いに連絡し合うようになる。奥羽の諸大名がこぞって信長と通じようとするのは、その数年後のことだ。

1575年

織田・徳川連合軍が武田勝頼を撃ち破る

長篠の戦いで武田騎馬隊を破った鉄砲3段撃ちは本当のこと?

武田勝頼

[1546-1582] 織田信長や上杉謙信などから、優れた武将として警戒された勝頼。 東京大学史料編纂所蔵(模写)

3000挺の鉄砲を使用して武田軍を殲滅した信長

室町幕府を滅亡させた織田信長は、勢いそのままに朝倉《あさくら》氏、浅井《あざい》氏を討ち、さらに長年苦しめられてきた伊勢長島《いせながしま》の一向一揆《いっこういっき》衆も滅ぼした。

この頃、畿内の制圧に忙しい信長の背後を守っていた徳川家康は、武田氏に奪われた三河《みかわ》・遠江《とおとうみ》の領地を取り返すべく動いていた。一方で武田氏は信玄の死去によって家中《かちゅう》は混乱しており、離反する者も出ていた。

1575年5月、信玄の跡を継いだ**武田勝頼《かつより》**が、徳川家康に寝返った奥平貞昌《おくだいらさだまさ》が守る長篠《ながしの》城を取り囲む。信長は援軍として自ら出陣した。**長篠の戦い**である。武田軍の騎馬隊を倒した「**鉄砲の3段撃ち**」があまりにも有名な戦いだ。1発撃つと次の発射まで時間がかかる鉄砲の弱点を逆手に取り、最前列の鉄砲隊が撃ったら次の隊と交替して続けざまに撃つというもので、鉄砲を効果的に使った革新的な戦法とされてきた。信長は3000挺の鉄砲を用意し、これを可能にしたという。

しかし近年の発掘調査でこれだけの数の鉄砲を使ったわりに発見された弾の数が少ないこと、『信長公記《しんちょうこうき》』をはじめとする当時の史料に「3段撃ち」の記述がないことなどから、**後世の創作である可能性**が高いとされている。火縄銃《ひなわじゅう》を使った実証実験でも、発射までに時間がかかりすぎて「3段撃ち」をしている余裕がないことも判明した。

とはいえ、この戦いで戦国最強と呼ばれた武田軍は大敗し、死傷者数は1万以上にものぼった。「3段撃ち」はなかったにせよ、信長が大量の鉄砲(1000挺ほどといわれる)で武田軍を苦しめたのは間違いない。一説によると、鉄砲隊を堀や土塁《どるい》の内側にひそませておき、陣地に「**馬防柵《ばぼうさく》**(馬の突進を防ぐ防御施設)」を立てて敵をおびき寄せ、引きつけたうえで一斉射撃したという。1000挺の鉄砲が発する轟音と硝煙《しょうえん》は、馬を驚かせ、足並みを乱すには十分効果的だっただろう。武田勝頼は退却を余儀なくされるが、3年後には最大版図を築き上げたように、この敗北で衰退したわけではなかった。

長篠の戦いに勝利した信長は、その年の11月、嫡男の信忠《のぶただ》に家督を譲った。その後も信長が実権を握り続けるが、信長が存命のうちに家督を譲ることで後継者争いを未然に防ぐ目的もあっただろう。翌年、信長は安土《あづち》城の築城に着手するのだった。

歴史の流れ

武田勝頼に囲まれた長篠城が救援を要請

▼

織田・徳川連合軍が大量の鉄砲で武田軍を破る

▼

武田勝頼は甲斐に撤退
信長は安土城築城に着手

鉄砲を大量導入して戦った織田信長

1450

1480

1510

1540

「長篠合戦図屏風」
信長の命令により馬防柵の内側で鉄砲を構える織田軍。それに対し徳川軍は柵の外で鉄砲を構える。　大阪城天守閣蔵

復元された馬防柵
戦場になった設楽原一帯には大きな木が生えていなかったため、馬防柵に使われて丸太は、1本1本岐阜から運ばれたという。
愛知県新城市

1570

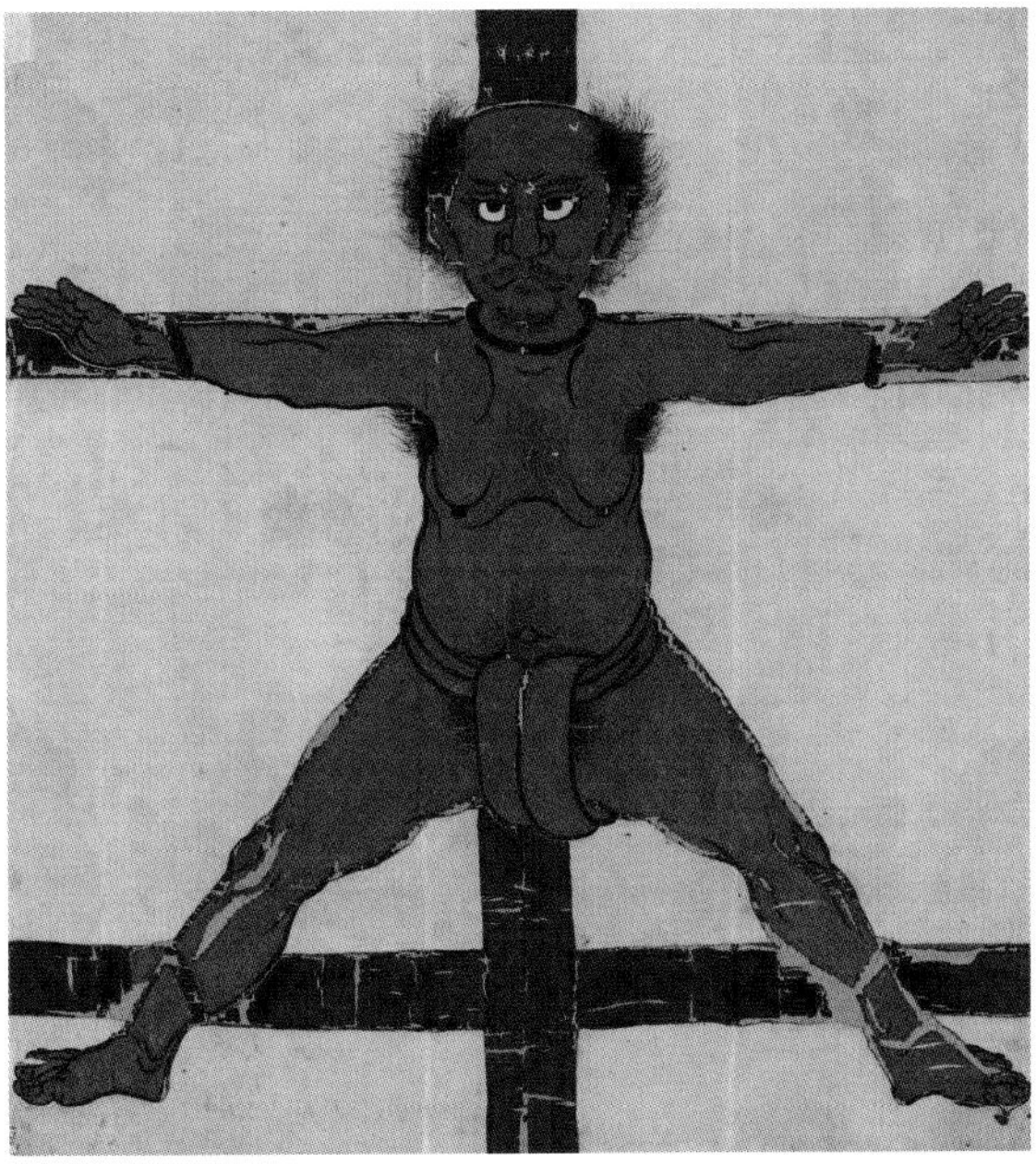

磔にされた鳥居強右衛門《とりいすねえもん》
長篠城の救援要請に向かった鳥居強右衛門は、援軍の約束を取りつけるも、城に戻る途中で武田軍に捕らえられてしまった。そして強右衛門は、援軍が来ないことを城内に伝えるよう命令される。強右衛門はこれを拒み「援軍は来る」と城内に伝えたため、殺されてしまった。その後、武田方の落合佐平次《おちあいさへいじ》がその姿を旗指物《はたさしもの》にしている。
東京大学史料編纂所蔵

1600

全国の出来事

信長の命令で徳川家康が伯父を殺す

信長と家康の同盟を取り持ったのが、家康の伯父（家康母・於大《おだい》の兄）の水野信元《みずののぶもと》だ。信元は信長の父・信秀《のぶひで》の時代からの織田氏と同盟を結び、姉川《あねがわ》や三方ヶ原《みかたがはら》の戦いなど重要な場面で活躍。24万石の大名として、そして家康のよき相談相手として存在感を発揮していた。しかし1576年1月、信元は突如、信長から命を受けた家康によって殺されてしまう（切腹とも）。伯父を失った家康は、その後も信長の命で嫡男や正妻をも手をかけることになる。同盟関係とはいえ、信長との力の差から苦しい立場を強いられ続けていたのだ。

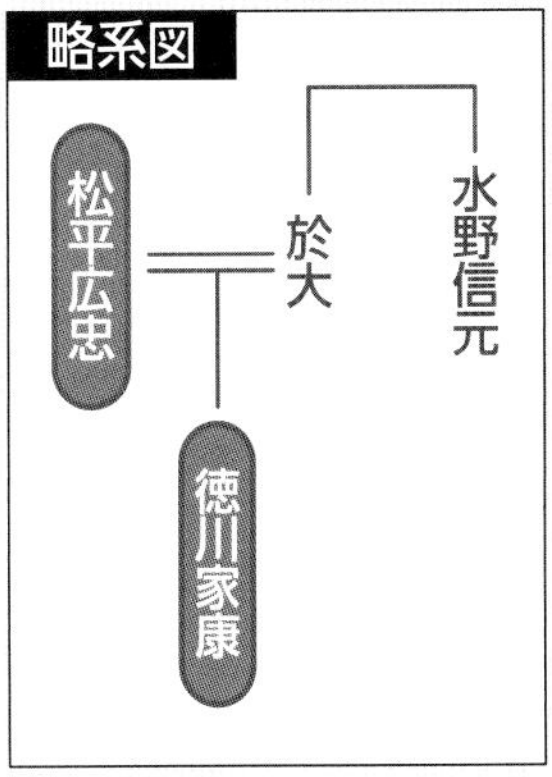

1575年

四万十川の戦いで長宗我部元親が一条氏を破る

長宗我部元親はどうやって土佐を統一したのか？

土佐の小豪族から成り上がる長宗我部元親

信長が天下静謐《てんかせいひつ》の戦いを続ける中、四国では土佐《とさ》の**長宗我部元親**《ちょうそかべもとちか》が活躍していた。

土佐では「七雄《しちゆう》」と呼ばれる7つの豪族が覇権を争っており、長宗我部氏はそのうちのひとつ。幼い頃の元親は「姫若子《ひめわこ》」と揶揄《やゆ》されるほど大人しい性格だったが、初陣である長浜の戦いで勇猛果敢な姿を見せ、一転「鬼若子《おにわこ》」としてその名が轟いたという。

元親は父の病死を受け家督を継ぐと、土佐統一事業に乗り出した。まず七雄最大の勢力だった本山《もとやま》氏の討伐を目指し、数年かけて朝倉《あさくら》城、本山城を攻略。本山氏を瓜生《うりう》野《の》城まで追いつめ、1568年頃に降伏させた。さらに翌年、八流《やつながれ》の戦いで安芸国虎《あきくにとら》に勝利し、土佐中部・東部まで平定した。

最後の敵となったのが、土佐西部を支配する**一条兼定**《いちじょうかねさだ》だ。兼定は公家出身ながら戦国大名としてのし上がった人物で、もとは国司《こくし》（中央から派遣された役人）として長宗我部氏を従える立場だった。しかし元親の力が強大になるのを恐れ、先の八流の戦いで安芸国虎に援軍を出し元親を討とうとするが失敗。兼定の力が弱っているとみた元親は、追い落とそうと画策する。

この頃、一条氏家臣・土居宗珊《どいそうざん》が兼定に殺されるという事件が起こった。『土佐物語』では宗珊が兼定の行いをいさめたので怒りを買ったとするが、『四国軍記』では元親が「宗珊が謀反を起こす」という噂を広め、兼定との関係を悪化させたとある。忠臣を斬り捨てた主君に失望した家臣団が兼定を無理矢理隠居させると、嫡男の一条内政《ただまさ》が家督を継ぐ。その内政に元親は娘を嫁がせ、まだ年若い内政を後見するという理由で自らの居城・岡豊《おこう》城近くの大津《おおつ》城に住まわせたのだ。舅・元親の意向により、内政は父の兼定を豊後《ぶんご》へと追放。すべて元親の思惑通りに事が進んだ。

しかし兼定は再起を図り、豊後の大友氏の力を借りて挙兵。元親軍と**四万十川**《しまんとがわ》で対峙した。兼定軍3000に対し元親軍は7000を超え、兼定軍を圧倒。兼定はあっけなく敗走した。ここに名実ともに、元親の**土佐統一**が果たされたのだった。

その後、元親はさらに野望を広げ四国統一を目指すが、その過程で信長、そして秀吉と対立。一時期は四国のほぼすべてを手にするも、秀吉に抗えきれず、土佐一国のみの支配しか認められない結果に終わった。

長宗我部元親

[1539-1599]『長宗我部元親百箇条』という分国法を制定するなど、文武に優れた武将だった。

東京大学史料編纂所蔵（模写）

歴史の流れ

長宗我部元親が周辺豪族を破り土佐中・東部を平定

▼

四万十川の戦いに勝利 土佐を統一する

▼

四国制覇に向けて勢力を拡大していく

勢力を拡大していく長宗我部元親

土佐七雄

一条氏は別格として、本山、吉良、安芸、津野、大平、長宗我部、香宗我部の７氏を土佐七雄と呼ぶ。

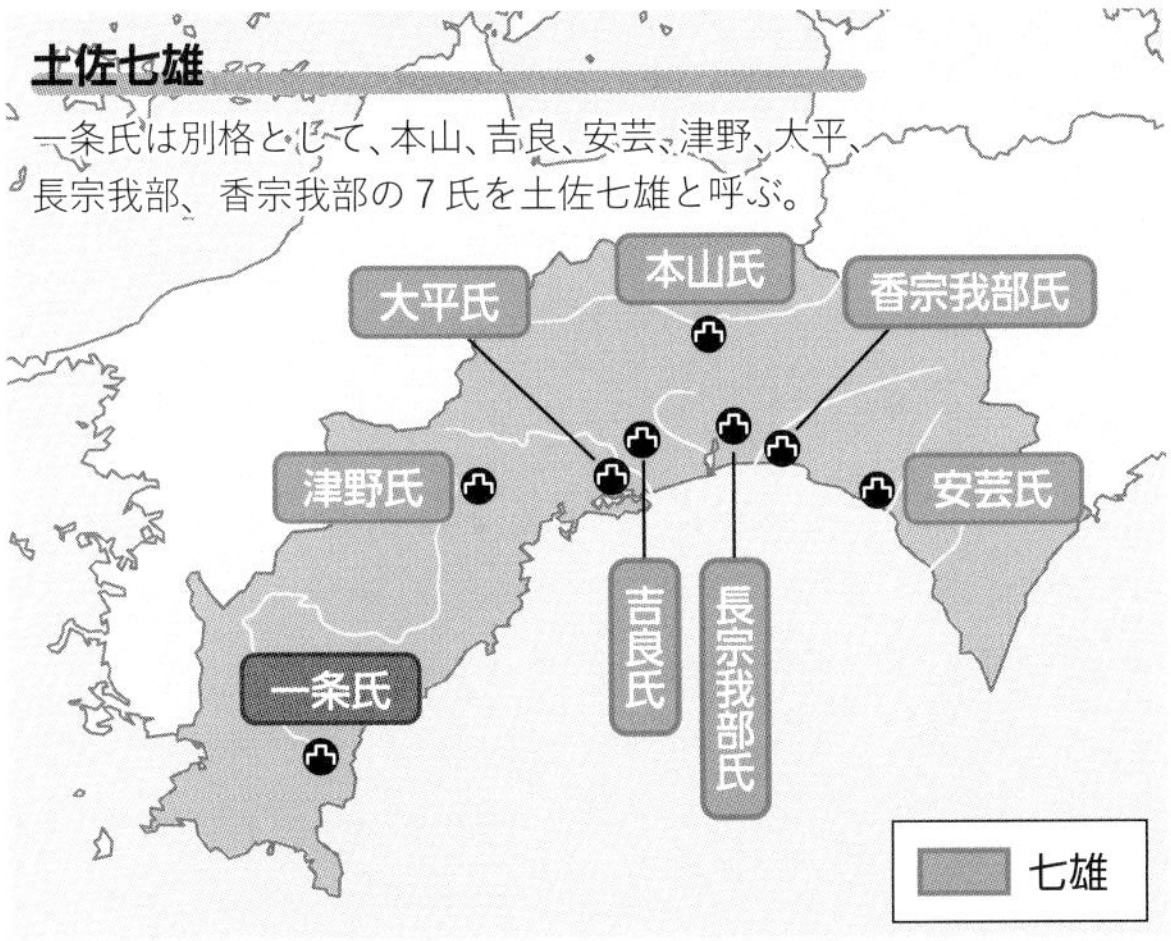

四万十川古戦場の碑

渡川の戦いとも呼ばれる四万十川の戦い。川の東西に両軍が陣取り、長宗我部方が先に渡河をして防戦する一条方を破ったという。　高知県四万十市

長宗我部元親の四国進出

土佐統一後は四国制覇をめざして次々に勢力を拡大していった。しかし、あと少しのところで豊臣秀吉による四国攻めが行われるのである。

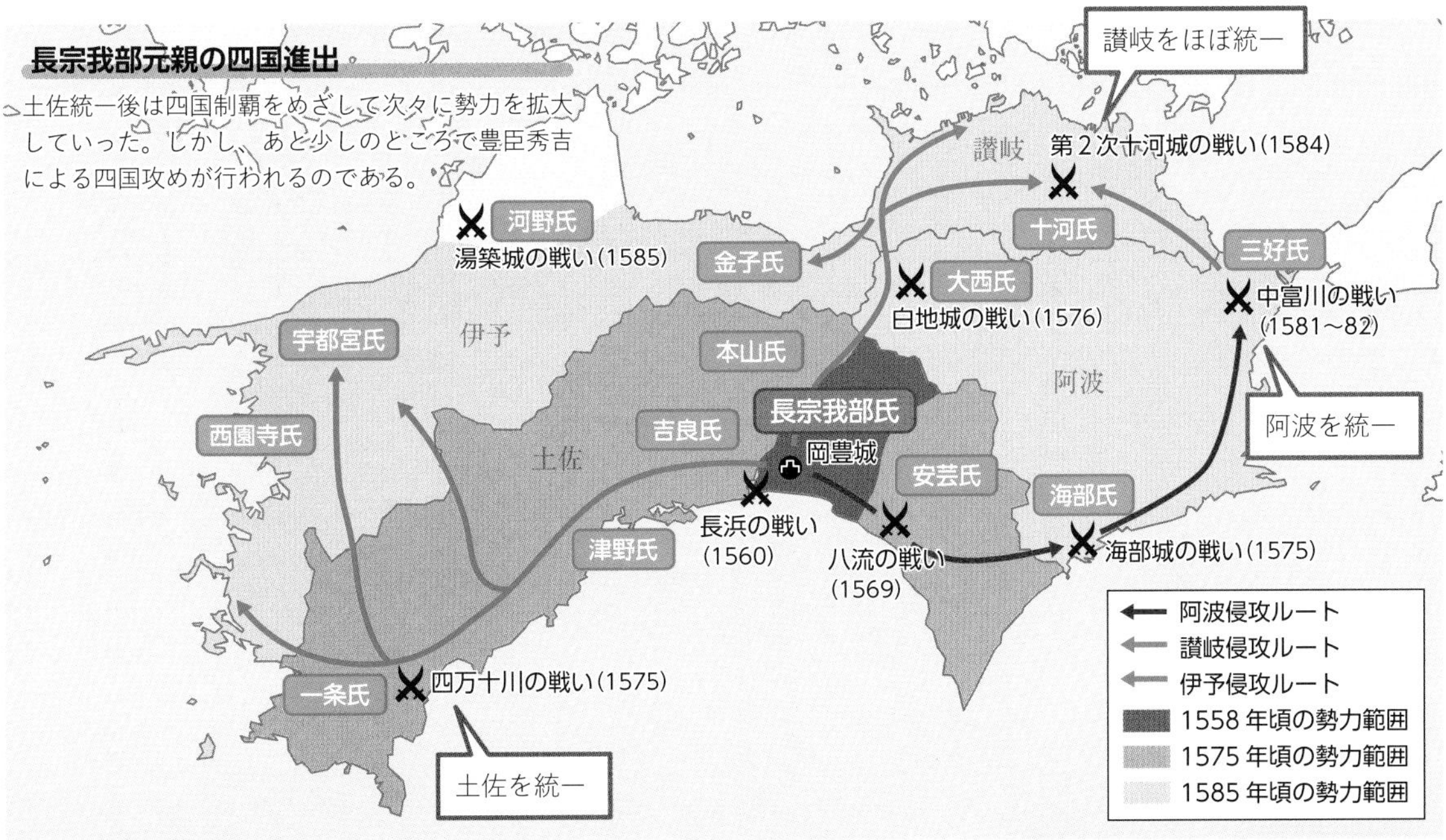

戦国を知る

「一領具足」とは半農半士の武士なのか？

元親の強さを支えたのが「一領《いちりょう》具《ぐ》足《そく》」という兵士たちだ。普段は農耕で生計を立て、いざという時は農具を捨て、武具一領（一揃い）を持って戦いに出るため、そう呼称されたという。

彼らのような者がいたのは確かだが、当時の史料には「一領具足」という名称はほとんど見られずそう呼ばれていたのかは疑わしい。一説には、一領とは武具のことではなく「軍役一領分（一人分）」という意味で、ごく小さな土地しか持たず、軍役も一人分のみ負担する武士たちのことを総称したのではないかという。

関ヶ原の戦い後に一揆を起こした一領具足たちを、供養するために建てられた石丸神社。　高知県高知市

1577年

織田信長が安土城下を楽市と定め特権を廃止する

信長が安土城下に楽市令を出した理由は？

信長の代名詞といえる安土城と楽市令

息子の織田信忠《のぶただ》に家督を譲った信長は、近江《おうみ》の安土山《あづちやま》に居城となる城を築き始めた。琵琶湖東岸にそびえ立つその城は、金色に輝く5層7重の天主《てんしゅ》（天守）を持ち、豪華絢爛そのものだったという。これまで城といえば攻撃・防御施設を備えた戦闘用のもので非常時にしか使われなかったが、城を自らの権威を示す象徴と位置づけたのは、信長が初めてだ。

安土城
狩野永徳が描いた「安土城図屏風」を想像復元したもの。
画＝宇田妙子／安土城郭資料館蔵

信長といえば「**楽市令《らくいちれい》（楽市・楽座）**」に代表されるように、経済を重視していたことでもよく知られている。経済が活発になれば、兵や武器の調達がしやすくなり、軍事力の強化、ひいては統一政権の確立につながるからだ。信長が安土に城を建てたのは周辺に家臣の居城が多かったことはもちろんのこと、**琵琶湖の水運**を生かしての輸送や移動がしやすかったことが大きい。

信長は支配圏の経済を発展させるため、1567年に美濃《みの》の加納《かのう》、1577年には安土に楽市令を発布。さらに関所の撤廃を進めて人の往来を自由にした他、輸送力強化のために道路の整備にも力を注いだ。

「楽」とは規制を緩めて自由になるという意味で、楽市・楽座は誰でも自由に商売ができるようにするための政策だ。これまで商業は「**座《ざ》**」と呼ばれる商人の同業組合で成り立っており、彼らは貴族や寺社に金銭を払って商売の独占権を得ていた。この座を廃止し、**流通を円滑にする**ことが楽市・楽座の最大の目的である。このおかげで市場は豊かになったが、一方で商人から金銭を得ていた寺社は強く反発し、信長に対して敵意を燃やしていくのである。

ただし信長は全ての座を廃止したわけではなく、越前北《えちぜんきた》ノ《の》庄《しょう》の橘屋や堺の今井《いまい》宗久《そうきゅう》といった特定の豪商たちに、その地の商人の統制を任せている。信長は自由な商いを進める一方、息のかかった商人が市場を統制することで自身の経済方針を浸透しやすくするという狙いがあったようだ。

ちなみにあまり知られていないが、楽市令そのものは1549年に六角定頼《ろっかくさだより》が、1566年に今川氏真《いまがわうじざね》がすでに実施しており、信長独自の政策というわけではない。ただ信長はそれらを参考にしながら、より大々的に、徹底的に行ったので、経済的インパクトはかなり大きかったのだろう。

歴史の流れ

水運などの立地を鑑み
信長は安土に城を築城する

▼

城下に楽市令を発し
経済活動が活発化

▼

既得権益を侵された
宗教勢力は反発する

京に近く琵琶湖の水運を掌握できる安土

琵琶湖ネットワーク

安土城以外にも、琵琶湖湖畔に長浜城、大溝城、坂本城を築き、琵琶湖を活用した交通網を構築した。

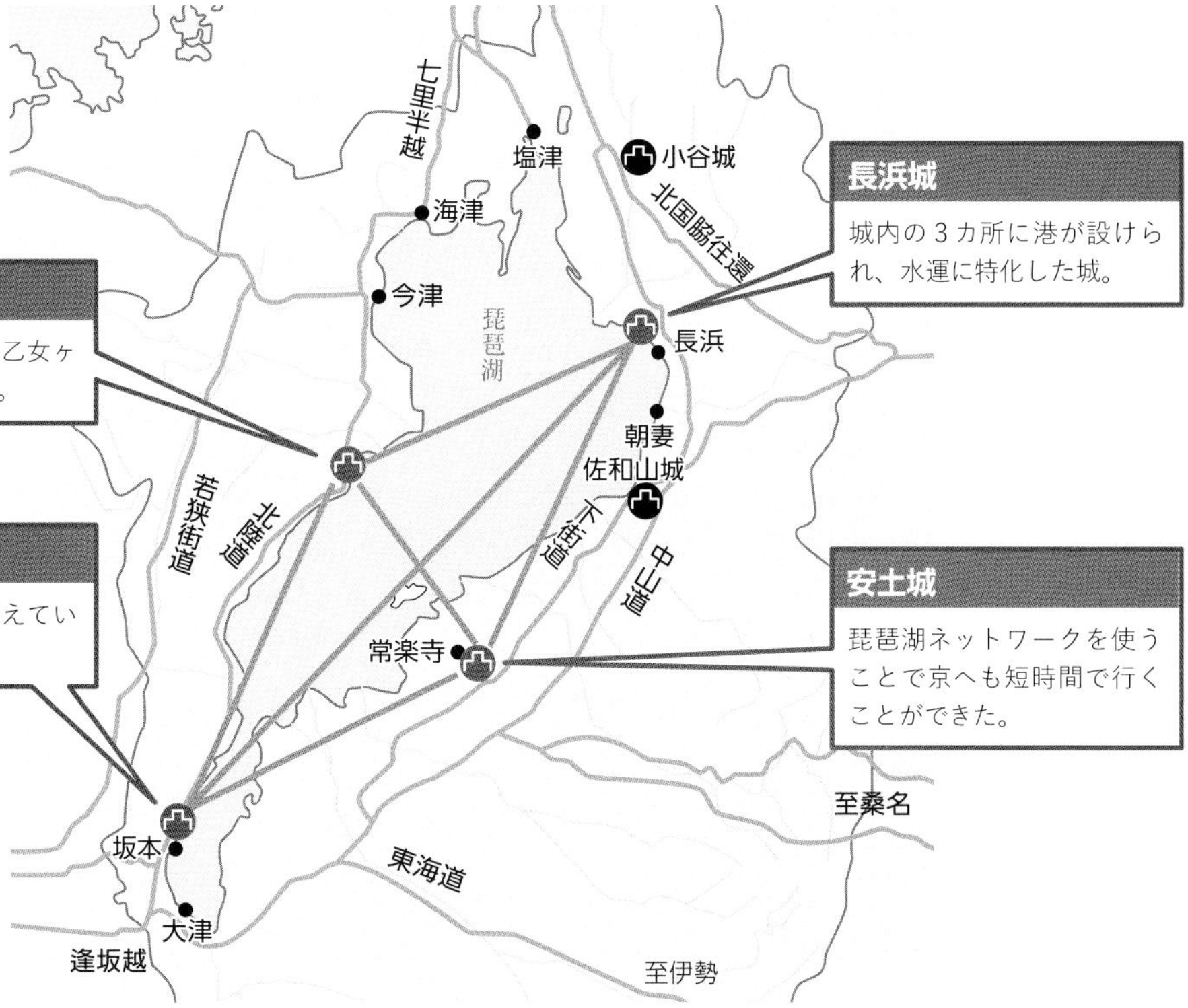
大溝城
城内の３カ所に港が設けられ、水運に特化した城。
琵琶湖の内湖にあたる乙女ヶ池に面して造られた城。
坂本城
当時から港町として栄えていた坂本の地に築城。
琵琶湖ネットワークを使うことで京へも短時間で行くことができた。

信長が出した楽市令

安土城下の山下町に出した楽市令。座の特権免除や馬の売買の保護など13カ条にわたる。

近江八幡市蔵

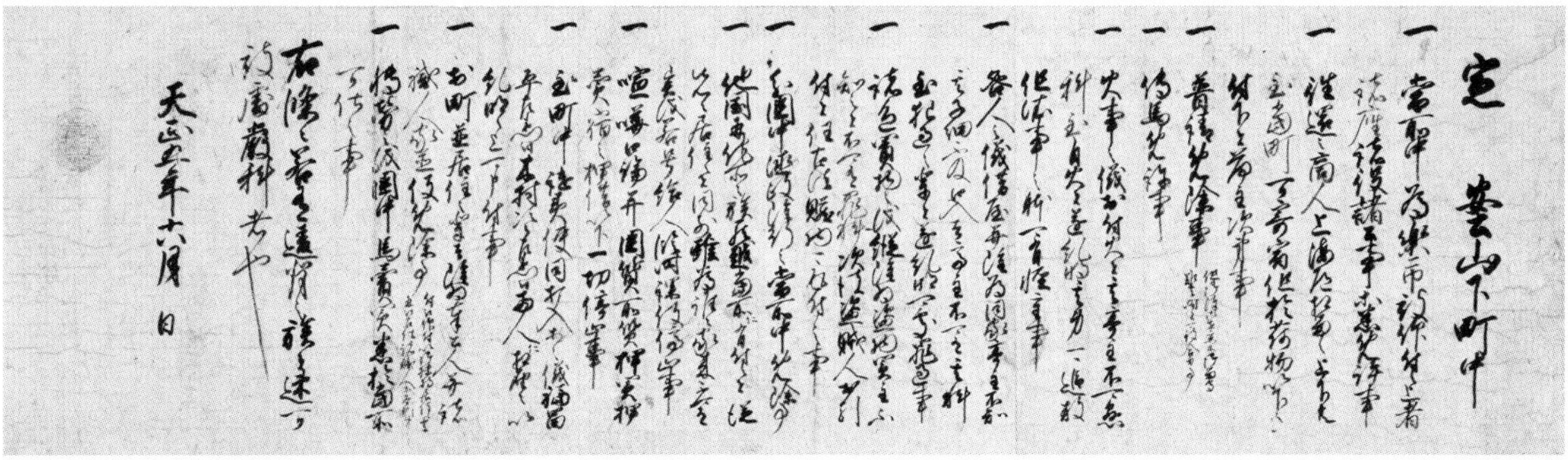
定　安土山下町中
天正五年六月　日

戦国の文化人

宣教師「ルイス・フロイス」

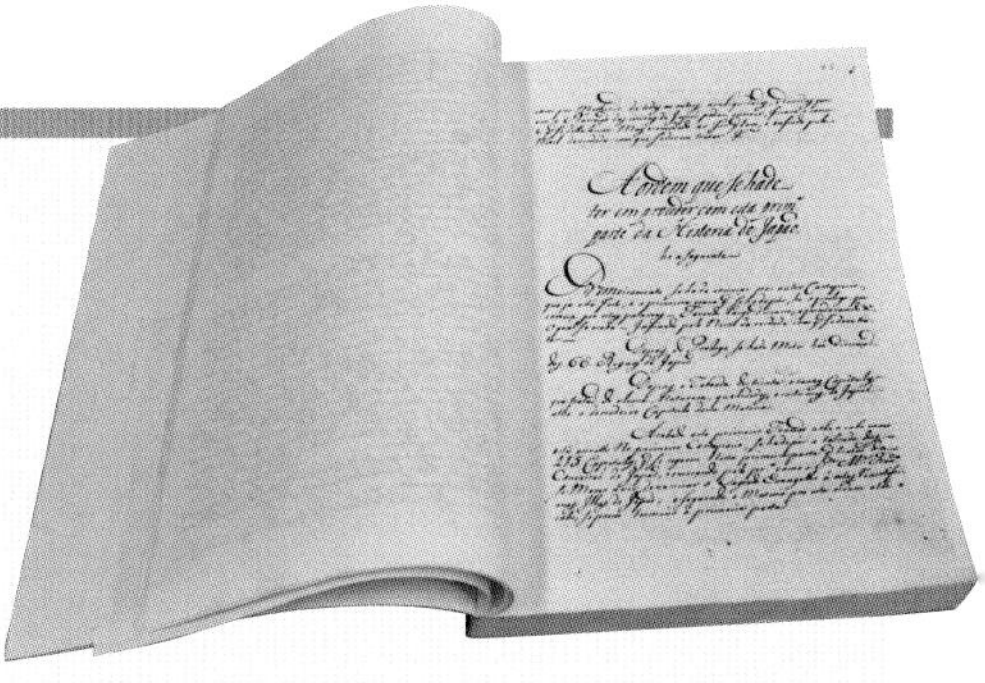
フロイス『日本史』の複製。　大村市歴史資料館蔵

北国脇往還

日本にはフランシスコ・ザビエルをはじめとするキリスト教の宣教師たちが入国しており、領主に布教活動の許しを得て布教を行っていた。ポルトガル宣教師ルイス・フロイスはザビエルから日本のことを聞いて以来、日本での布教を熱望。信長と謁見を果たし、布教を許された。フロイスは布教のかたわら、高い語学力と文才を生かし、信長をはじめとする武将や日本人の風俗についてまとめた本『日本史』を執筆。当時を知る貴重な史料となっている。

1578年 耳川の戦いで大友宗麟が島津義久に敗北

なぜ大友軍は耳川の戦いで島津軍に大敗したのか？

大友宗麟
［1530-1587］キリスト教王国を築こうとした九州の大大名。
大分駅前／大分県大分市

九州三国志と称された激闘を勝ち上がった薩摩の島津氏

織田信長が足利義昭《あしかがよしあき》を追放して台頭していた頃、九州では大友《おおとも》、龍造寺《りゅうぞうじ》、島津《しまづ》、有馬《ありま》、相良《さがら》氏の５大名が覇を競っていた。なかでも北の**大友氏**・西の**龍造寺氏**・南の**島津氏**は九州三強といわれ、のちに「**九州三国志**」と称される壮絶な領土争いをくり広げていく。

三強のうち最も勢力を誇っていたのが、鎌倉時代から続く名門・大友氏だ。１５５０年に家督を継いだ**大友宗麟《そうりん》**は、北九州に進出してきた毛利《もうり》氏を撃破。北九州における大友氏の領土を盤石なものとした。しかし一方で宗麟はキリスト教に深く傾倒していたことから一族との衝突が絶えず、大友家《か》中《ちゅう》は常に揺れ動いていた。

そんな時、薩摩《さつま》の**島津義久《よしひさ》**が日向《ひゅうが》の伊東《いとう》義祐《よしすけ》を攻める。豊後《ぶんご》へ逃げた義祐は宗麟に救援を求め、宗麟はこれを承諾した。大友氏はこれまで島津氏と同盟関係にあったが、宗麟は「**日向国にキリシタンの王国をつくる**」という密かな野望から出陣を決めたという。大友・伊東軍は日向北部の島津軍を追い払うと、石城《いしの》（新納石城《にいろいしの》）で島津軍を破った。一方、そのはるか北の日向無《む》鹿《しか》に本陣を置く宗麟はその先の島津攻略を家臣に任せ、自身は周辺の寺社仏閣の破壊と教会建設を命じ、理想郷づくりに没頭してしまう。

１５７８年11月、総大将不在のまま大友軍６万の兵は島津の高《たか》城を包囲。この状況に島津当主の義久も出陣し、弟の義弘《よしひろ》、歳《とし》久《ひさ》、家久《いえひさ》を加え、４万の兵を集結させた。

島津軍は雨に紛れて伏兵をひそませ、大友軍を奇襲。そして得意の囮作戦「**釣り野《の》伏《ぶ》せ**」で大友軍を次々と撃破していく。耐えかねた大友軍は停戦を申し出て一時撤退するが、その翌日、停戦反対派の部隊が独断で島津軍へ突撃してしまう。これに慌てた大友本隊も戦場へなだれこむのを見た島津軍は一斉に大友軍を包囲し、撃退した。しかし**耳川《みみかわ》**で島津軍の猛追撃を受けてしまい、大混乱。大友兵のほとんどが戦死、または溺死したという。

かつて最強を誇った大友氏は、島津４兄弟の結束力で支えられた連係攻撃を前に敗れてしまった。島津軍の強さもあるが、ひとえに総大将たる宗麟の求心力・統率力不足も大きな敗因であることは間違いない。宗麟は命からがら帰還したものの、この戦いを機に大友氏は急速に衰えていくのだった。

歴史の流れ

日向の伊東氏の要請で大友宗麟は出兵を決意

▼▼

島津の高城を大友軍が囲み耳川の戦いが始まる

▼▼

島津軍が快勝し九州北部に進出する

九州を三分して覇を競った大友、龍造寺、島津の３氏

高城川の戦い（耳川の戦い）

高城を囲んでいた大友軍は、島津義久らが戦場に到着すると谷瀬戸川を渡って島津軍に攻撃を仕掛けた。島津軍は大友軍を巧みに誘導し、３方向から攻撃を仕掛けて壊滅させ、耳川まで約25kmにわたって追撃する。

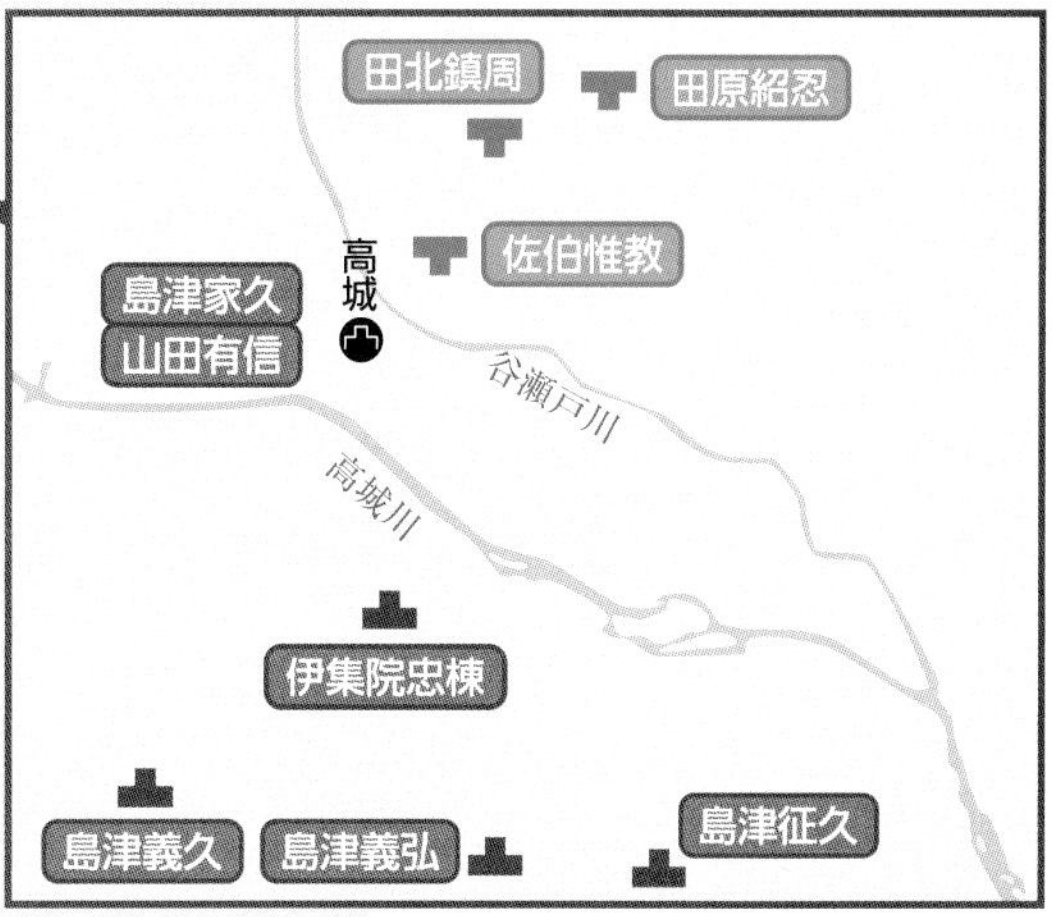

全国の出来事

上杉謙信の死により「御館《おたて》の乱」が始まる

耳川の戦いの８カ月前の1578年の３月13日、上杉謙信が脳溢血で急死する。謙信は独身で嫡子がおらず、後継者も定めていなかったため、家督をめぐって激しい対立が起きた。

家督候補は謙信の養子となっていた二人、甥の景勝《かげかつ》と北条氏康の子・景虎《かげとら》だ。血筋からいえば景勝だが、景虎は実家の北条氏やその同盟者である武田氏や伊達氏などの支援を得ていたため、家中は真っ二つに分かれてしまったのである。外部勢力も巻きこんでの激しい攻防戦の末、戦いを制したのは景勝だった。

上杉景勝

［1555-1623］謙信の姉・仙洞院の子。のちに会津120万石の大大名となる。

米沢市上杉博物館蔵

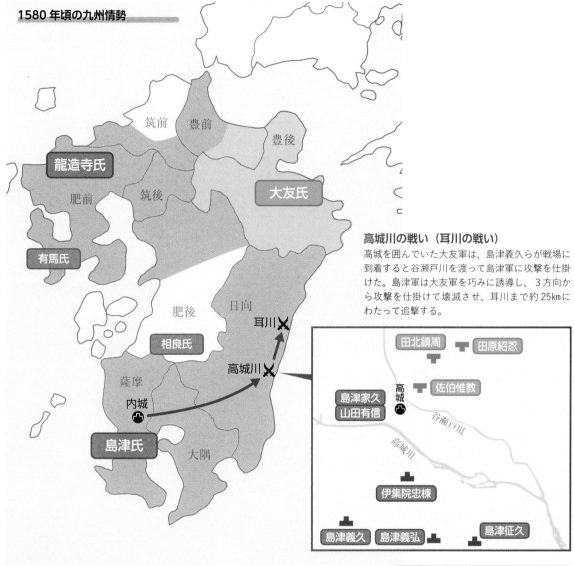

1580年　織田信長が本願寺を降伏させる

織田信長と本願寺との戦いが約10年も続いたのはなぜか？

憎悪が憎悪を呼んだ信長と本願寺の終わらない戦い

信長包囲網最後の敵となったのが、**顕如**《けんにょ》率いる**大坂本願寺**《ほんがんじ》、いわゆる一向宗《いっこうしゅう》である。

1570年9月、信長の軍が京で三好三《みよしさん》人衆《にんしゅう》と対峙しているところに、三好三人衆と懇意にしていた本願寺が突如信長軍への攻撃を開始。顕如は「これまでずっと信長に従ってきたのに、信長が本願寺を破却すると通告してきた」と、各地の門徒に信長に対抗する意思を伝える**檄文**《げきぶん》を送った。

通説では信長が「立場におごる仏僧を憎み、排除しようとしたため」、顕如が信長を仏敵とみなし戦いを挑んだとされるが、実は本願寺と信長はもともと良好な関係にあったことが分かっている。先の檄文は建前に過ぎず、本願寺は顕如と縁の深い武田氏や朝倉《あさくら》氏が信長と戦う姿勢を見せたため、やむなく信長と対立することになったのではないか、という見方も出てきている。

結局この戦いは一旦和睦となったが、これを機に信長と本願寺の10年に及ぶ長い戦いが始まった。

顕如の檄文により、各地の一向宗門徒たちは**次々と蜂起**して信長に襲いかかった。死ねば極楽へ行けると信じる門徒たちの命がけの攻撃は信長を大いに悩ませ、戦いを長引かせる原因となった。**長島**《ながしま》**一向一揆**でも門徒たちは激しく抵抗。信長の弟・信興《のぶおき》をはじめとする重臣たちが多数討死している。信長は1571年に天台宗の比叡山延暦寺を焼き討ちし、1575年の**越前**《えちぜん》**一向一揆**では門徒1万人を殺害した。

そして翌年の1576年、顕如は将軍・足利義昭《あしかがよしあき》の呼びかけに応え3度目の挙兵をする。本願寺側には毛利《もうり》氏と、毛利に帰属する村上水軍が味方し、木津川《きづがわ》を通って本願寺へ兵糧を運んでいた。信長はこれを叩こうとするが、焙烙火矢《ほうらくひや》を放つ村上水軍を前に歯が立たず、一時撤退を余儀なくされる。

そして1578年、村上水軍の前に現れたのが、鉄で覆われた軍船だった。鉄の船は村上軍の火矢を跳ね返しながら大砲を撃ち込み、村上軍を撃沈する。本願寺の補給路はほぼ断たれ、さらに同盟者であった上《うえ》杉謙信《すぎけんしん》の死もあり、本願寺は孤立無援の状態に追い込まれた。

そして1580年閏《うるう》3月、顕如はついに**信長に降伏**。長きにわたる戦いは終結した。そして顕如たちが本願寺を退去した直後、寺は謎の出火により燃え落ちたのだった。

蓮如

［1415-1499］吉崎御坊跡に立つ蓮如像。8代法主で本願寺中興の祖。北陸・東海・畿内に多くの門徒を獲得した。　福井県あらわ市

歴史の流れ

顕如が信長討伐の檄文を門徒に送る

▼

各地の門徒が蜂起し信長を苦しめる

▼

10年に及ぶ戦いの末ついに本願寺が降伏

経済力と軍事力を兼ね備えた本願寺

鉄甲船

第２次木津川の戦いで投入されたという織田軍の鉄甲船。横７間（約12.7m）、縦12～13間（約21.8～23.6m）の大型船で、鉄板を貼って焙烙火矢を防いだ。　CG= 成瀬京司

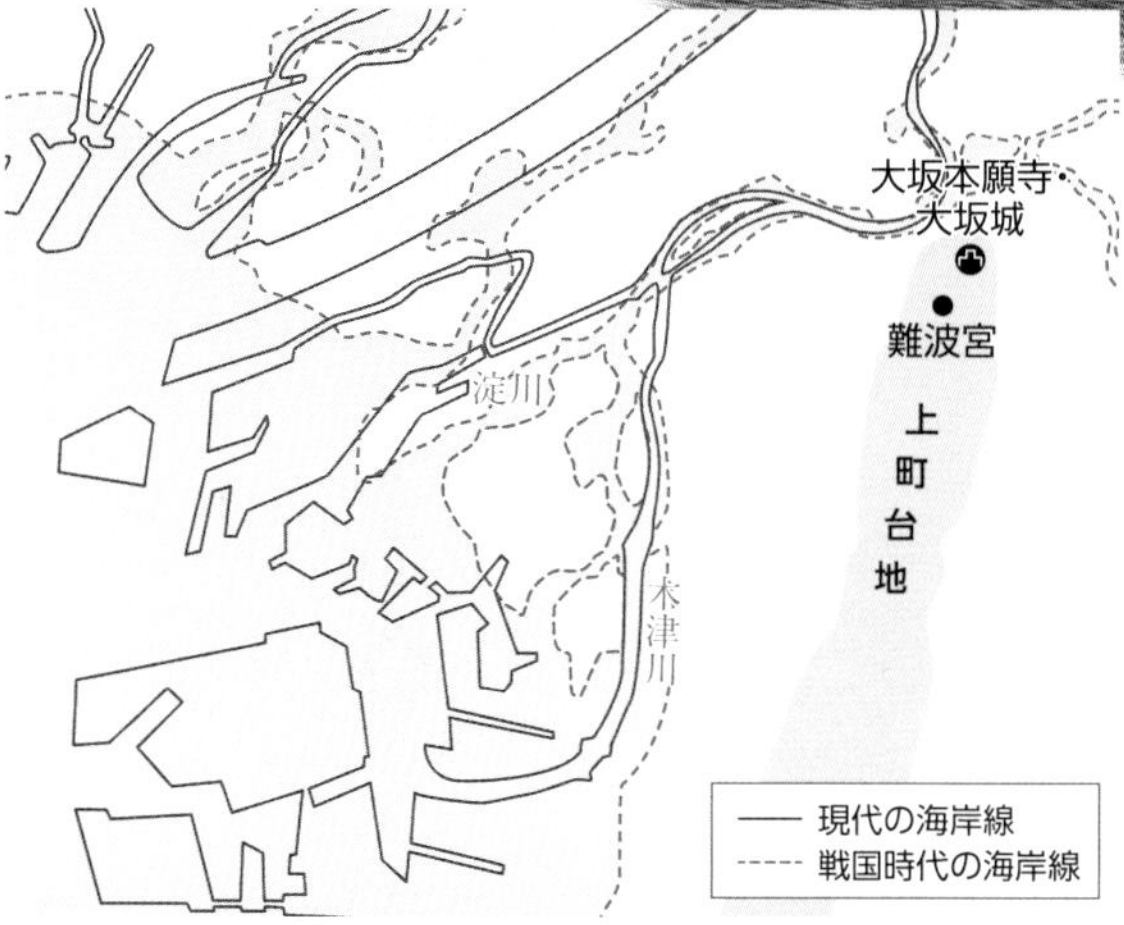

本願寺の立地　河川・海上交通の利便性が高く、上町台地の北端という防衛にも向いた地に建っていた。

大坂本願寺跡

本願寺の跡地に豊臣秀吉が大坂城を建てた。そのため本願寺の遺構は残っていない。

大阪市中央区

ライバル

一向宗を率いた「本願寺顕如」

全国の門徒をまとめながら公家とつながりを深めることで教団を大きくし、戦国大名に勝るとも劣らない軍事力と経済力を持った。ちなみに本願寺は浄土真宗で、一向宗を自称したことはない。また顕如の妻は武田信玄の正室の妹なので、信玄とは義兄弟の間柄だった。長男の教如《きょうにょ》は降伏に反対し、父の退去後もしばらくは本願寺に立て籠もった。顕如没後は３男の准如《じゅんにょ》が法主《ほっす》を継ぎ、教如は独立して東本願寺を設立。准如の本願寺は西本願寺となり、本願寺は２つに分かれて今にいたる。

本願寺顕如

［1543-1592］11 代法主。諱を光佐といい、顕如は号。　東京大学史料編纂所蔵（模写）

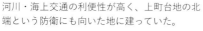

1582年 織田信長が本能寺で討たれる

なぜ明智光秀は本能寺で織田信長を討ったのか？

様々な説が上がるが決定的な理由は不明なまま

明智光秀《あけちみつひで》は信長を討った「裏切り者」として長年ネガティブなイメージで伝えられてきた。しかし彼の人物像については、近年**見直し**が進んでいる。

光秀の前半生は不明な点が多いが、信長と出会ったのは将軍・義昭《よしあき》に仕えていた頃だという。義昭が三好三人衆《みよしさんにんしゅう》に襲撃された「本圀寺《ほんこくじ》の変」で義昭を守っていた光秀は信長に見込まれ、幕臣でありながら信長にも仕えるようになった。ほどなく義昭のもとを離れて完全に信長家臣となると、信長の絶大な信頼のもと出世していった。

畿内を平定した信長は、いよいよ国内を統一するべく各地へ家臣たちを派遣し、攻めさせた。一方、光秀には交渉役や朝廷・大名の接待役といった雑事が増えていく。そんな中、毛利氏と交戦中の羽柴秀吉《はしばひでよし》から、信長へ援軍要請が届いた。信長は徳川家康の接待役を申しつけていた光秀に、すぐさま秀吉の応援に行くように命じる。信長自身も出陣の準備をするため、わずかな側近とともに京の**本能寺**に宿泊した。しかし1582年6月2日早朝、本能寺は光秀の軍勢に取り囲まれ、進退窮まった信長は自害して果てたのだった。

明智光秀
［？ -1582］その名前の有名さとは裏腹に、前半生はほとんど分かっていない。
東京大学史料編纂所蔵（模写）

光秀が謀反を起こした理由については、かねてより様々な説が唱えられてきた。伝統的なのは「**怨恨説**」で、雑事の押しつけや、理不尽な叱責など不当な扱いを受けたことへの恨みから信長を討ったというもの。ほかにも信長に代わって自身が天下を取ろうと目論んだ「**野望説**」、義昭や朝廷、あるいは信長に成り代わろうとした家康、または秀吉が、光秀をそそのかして討たせたという「**黒幕説**」も有名だ。

そんな中、2014年に発見された『長宗我部元親書状』が、光秀の謀反の動機に深く関わっているのではないかと脚光を浴びた。書状には、これまで言う通りにしてきたにもかかわらず四国攻めを決定した信長に対する抗議が書かれている。実は、光秀は信長と元親との和平交渉の任に当たっており、元親とも縁戚関係を結んでいた。しかし信長は突如方針を変え、四国征伐を決定。光秀は面目を潰された形になったのだ。光秀は自らのプライド、そして元親を守るため、信長に反旗をひるがえしたという。

この「**四国説**」こそ最も現実に近いのではといわれるが、いずれにしても憶測の域を出ない。真実は未だ謎のままだ。

歴史の流れ

明智光秀は安土で徳川家康の接待を行う

▼

羽柴秀吉の危機に光秀に救援命令が下る

▼

出陣準備をした光秀は本能寺で信長を討つ

日本史上最も有名な謀反

本能寺の変

信長に一番槍を突けた安田国継は、その後、森蘭丸を討ち取る手柄を挙げた。42歳で亡くなるが、命日は信長と同じ6月2日という。

刀剣ワールド財団蔵

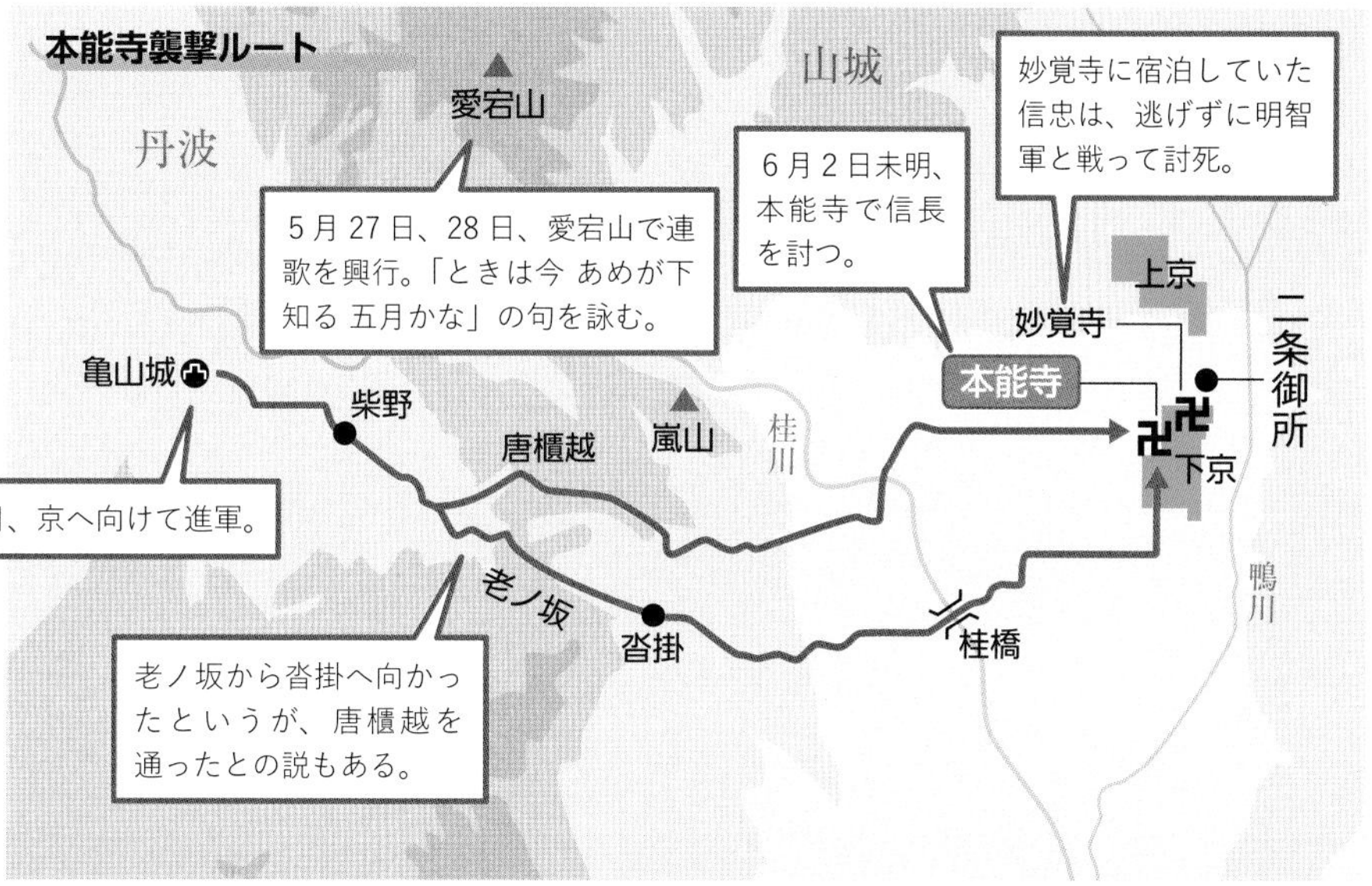
6月1日、京へ向けて進軍。

全国の出来事

「天正遣欧使節」が長崎を出港

キリシタン大名の大村純忠《おおむらすみただ》、大友宗麟《おおともそうりん》、有馬晴信《ありまはるのぶ》らは伊東《いとう》マンショ、千々石《ちぢわ》ミゲル、中浦《なかうら》ジュリアン、原マルチノの4名の少年たちをヨーロッパに派遣し、見聞を広めさせた。1582年、長崎を出発した少年使節団は84年にポルトガルに到着。ヨーロッパを旅し、ローマ教皇との謁見に成功した。彼らは活版印刷など貴重な西洋文化を持ち帰るが、キリシタン弾圧により受難の道をたどることになる。

伊東マンショ（右上）、千々石ミゲル（右下）、中浦ジュリアン（左上）、原マルチノ（左下）。ドイツで印刷された肖像画。

京都大学附属図書館蔵

1582年　山崎の戦いで秀吉が光秀に勝利

なぜ秀吉は変後すぐに中国大返しができたのか?

本能寺の変の報を聞きすぐに行動した秀吉

1582年6月2日、織田信長が**明智光《あけちみつ》秀《ひで》**に討たれたという情報は、すぐさま各地に伝えられた。中国を押さえていた毛利氏征伐のために備中《びっちゅう》の**高松城**を攻めていた**羽柴秀吉**のもとには、4日未明に情報がもたらされた。秀吉は急きょ高松城攻めを切り上げ、光秀討伐のために上洛することに決め、毛利氏と和睦。6日には京に向けて出発した(5日に出発したとする説もある)。

秀吉にとって最大の懸案は、毛利軍による追撃だった。秀吉は毛利軍を足止めするために堤防を切って周辺を浸水させていたが、そもそも毛利軍は追撃意思はなかった。毛利が信長横死《おうし》を知ったのは和睦後の秀吉が撤退したあとであり、和睦したばかりの相手を攻めては信用問題にかかわるからだ。また、柴田勝家《しばたかついえ》らも謀反に与しているという情報を得ており、確実な情報を得てから判断しようとした、とする説もある。

高松城を出発した秀吉は怒涛《どとう》のスピードで京都をめざし、7日の夕方には姫路城にたどり着いた。その後、10日に兵庫、11日には尼崎に到着し、その間に畿内各国の国《こく》人《じん》などに書状を出して味方に引き入れる手はずをとった。大坂で織田信孝《のぶたか》・丹羽長秀《にわながひで》軍と合流した秀吉は、信長の遺児である信孝を総大将として富田《とんだ》に陣を敷き、13日、光秀軍と対峙した。秀吉が備中を発ってからわずか1週間後のことだった。秀吉軍は2万ほど、対する光秀軍は1万～1万6000だったという。この**山崎の戦い**で光秀軍を破った秀吉は、信長の弔い合戦を制したとして発言力が強まり、その後の政局を左右する存在となる。

この時の秀吉の上洛を「**中国大返し**」というが、秀吉がのちに天下人になる大きなきっかけとなった。秀吉が大返しに成功した要因は、まず緘口令《かんこうれい》を敷くなどして信長の死を毛利軍に伝わらないようにして、急いで和睦を結んだことである。そして、畿内周辺の国人を籠絡したこと。また、信長の中国遠征のために秀吉は京から中国地方までの道のりに、休憩所や宿泊所をすでにつくっており、兵糧も十分だったともいわれる。

こうして山崎の戦いの直後に行われた、信長の後継を決める**清須会議《きよすかいぎ》**では秀吉が主導権を握り、秀吉意中の三法師《さんぼうし》(信長の直孫、のちの秀信《ひでのぶ》)が織田家の家督を継いだ。

備中高松城跡の清水宗治首塚
秀吉は和睦条件である宗治の自刃を見届けると、すぐさま中国大返しに取りかかった。　岡山県岡山市

歴史の流れ

秀吉は信長横死を聞き
すぐさま毛利と和睦

▼

わずか数日で
畿内に戻る

▼

山崎の戦いで勝利
後継争いで優位に

本能寺の変後の秀吉と光秀の動き

毛利方と和睦を結んだ秀吉は、光秀討伐のため６日には高松城を出発し、７日に居城としていた姫路城に入って情報収集に努めた。なお、高松城発を５日、姫路城着を６日とする説もあるが、いずれにせよ、沼から姫路城まで約 78km の行程を１日で進んだことになる。中国大返しの進軍日数は巷間に言われるほど極端に短いものではないが、秀吉の行動の早さと決死の覚悟が光秀に迎撃の準備をさせなかったのは確かである。

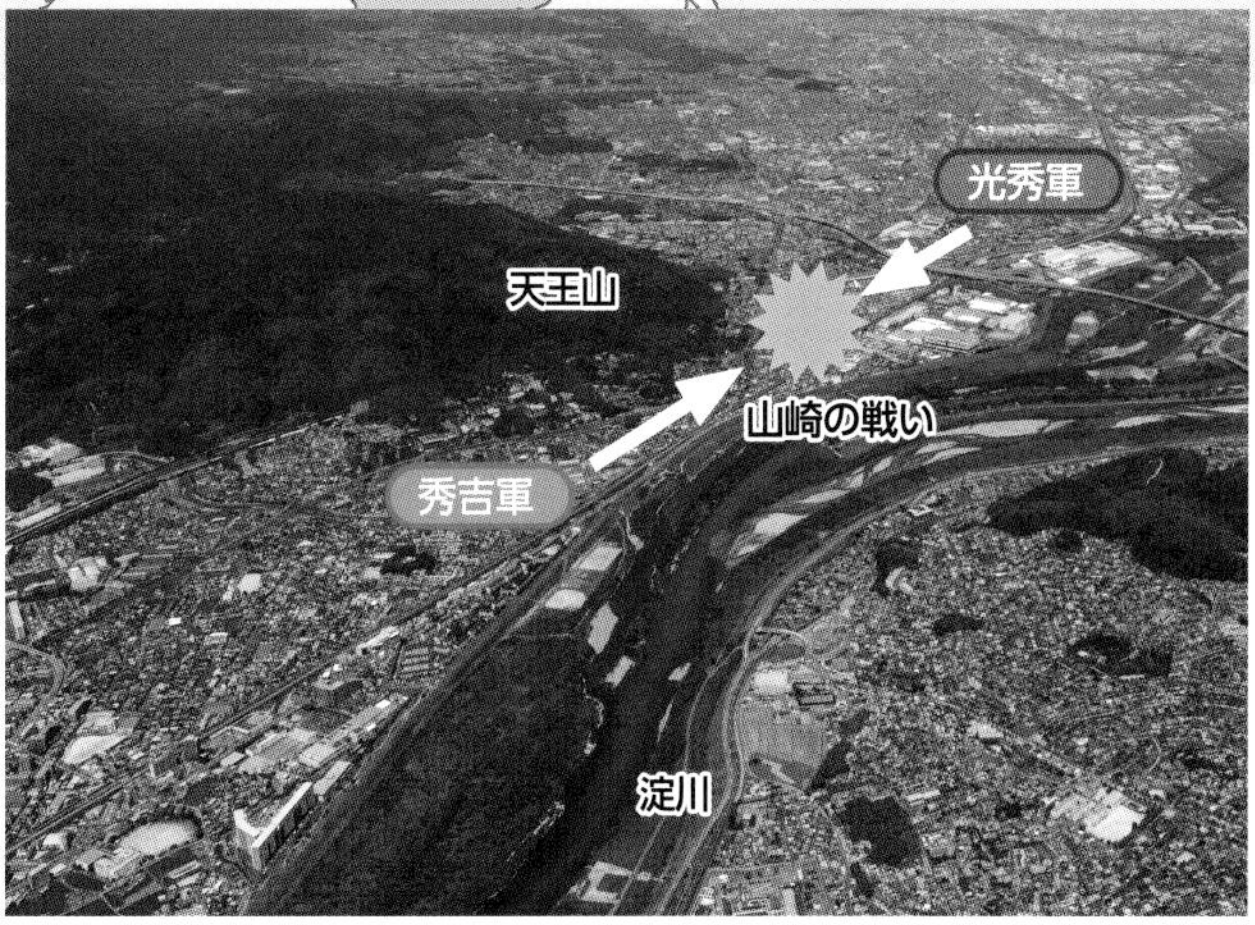

山崎の戦いの戦場
秀吉と光秀の決戦は交通の要衝である山崎の地で行われ、天王山を制した秀吉軍が勝利した。

全国の出来事

信長の死で混乱する甲斐・信濃

本能寺の変後、甲斐《かい》では信長家臣の河尻秀隆《かわじりひでたか》が旧武田氏家臣の一揆によって殺害され、信濃《しなの》の森長可《もりながよし》や毛利秀頼《ひでより》らは本拠地へ撤退するなど、甲斐・信濃は一種の空白地帯となった。徳川氏・北条氏・上杉氏が甲信に進出し、３者が争う事態になる（天正壬午《てんしょうじんご》の乱）。

秀吉が家康を支持したため戦局は徳川方有利に進んだが、秀吉と柴田勝家《しばたかついえ》の対立が深刻化したため、秀吉は家康への援軍派兵をとりやめ、家康は北条氏と和睦。甲・信は徳川領、上野《こうづけ》の大半は北条領として決着するが、対立の火種はくすぶり続けた。

天正壬午の乱終結後の勢力範囲。

1583年

秀吉が柴田勝家を自刃させる

賤ヶ岳の戦いで柴田勝家が負けた理由とは？

清須会議を主導した秀吉は柴田勝家陣営と対立

織田信長の後継を決める**清須会議**《きよすかいぎ》では、羽柴秀吉主導のもと、信長の嫡男・信忠《のぶただ》の孫である三法師《さんぼうし》が当主に決まり、秀吉が後見することになった。この決定に織田氏重臣の**柴田勝家**《しばたかついえ》は不満を抱き、秀吉が催した信長の葬儀への参列を拒否するなど、信長の遺児・信孝《のぶたか》や滝川一益《たきがわかずます》とともに秀吉と対立した。

1582年12月、秀吉が勝家配下の長《なが》浜《はま》城を落とし、続いて岐阜城の信孝を攻撃、降伏させたことで両者はついに武力衝突にいたった。越前《えちぜん》の北ノ庄《きたのしょう》にいた勝家は雪のために動けなかったが、滝川一益が翌1583年1月に伊勢《いせ》で挙兵した。兵力に勝る秀吉軍が優勢に戦いを進めたが、一益の長島城はなかなか落とせず、戦いは4月までもつれ込んだ。その間に勝家も出陣し、近江柳ヶ瀬《おうみやながせ》まで軍を進めた。

4月に入ると、信孝が再び秀吉に反して岐阜で兵を挙げた。近江にいた秀吉は信孝討伐のために自ら軍を率いて美濃《みの》の大垣《おおがき》まで兵を進めたが、その隙をついて勝家は、家臣の**佐久間盛政**《さくまもりまさ》に琵琶湖北岸にあった秀吉方の大岩山砦を攻めさせ、中川清秀《なかがわきよひで》を自害に追い込んだ。盛政はさらに進軍して岩崎山砦の高山右近《たかやまうこん》を破った。

近江北部戦線での敗北の知らせを受けた秀吉は、すぐさま大垣を出発して勝家軍と対峙している**木之本**《きのもと》に向けて出陣した。木之本までの約50㎞を、秀吉はわずか5時間という「美濃大返し」と呼ばれる強行軍で駆け抜け、大岩山あたりで野営していた盛政を驚かせた。

勢い《いせ》に乗った秀吉軍は、盛政を賤ヶ岳《しずがたけ》まで撤退させ攻勢をかけると、戦いのさなかに前田利家《まえだとしいえ》が秀吉方に寝返った。利家の裏切りは勝家側には大打撃で、盛政軍を破った秀吉軍は勝家軍本隊を撃破し、勝家は本拠地の北ノ庄へ敗走した。このとき活躍した福島正則《ふくしままさのり》ら秀吉の近習《きんじゅ》7人は**「賤ヶ岳の七本槍」**として後世に名を残すことになった。

秀吉は間を置かずに勝家を追撃して**北ノ庄城**を包囲。4月24日、北ノ庄城が落城し、勝家は妻のお市《いち》とともに自害。その後、岐阜の信孝は敗れて切腹、伊勢の一益も敗れて秀吉に臣従した。北陸・東海地方を制圧した秀吉が天下人へまた一歩近づくことになった。

歴史の流れ

柴田勝家は織田信孝や滝川一益らと秀吉に対抗

▼

佐久間盛政の活躍で勝家側が有利に

▼

大返しで秀吉が逆転し勝家を自刃に追い込む

佐久間盛政

［1554-1583］勇猛果敢な戦いぶりから「鬼玄蕃」と恐れられた。賤ヶ岳敗戦後に捕らえられ斬首。　東京都立中央図書館特別文庫室蔵

築城合戦となった賤ヶ岳の戦いの布陣

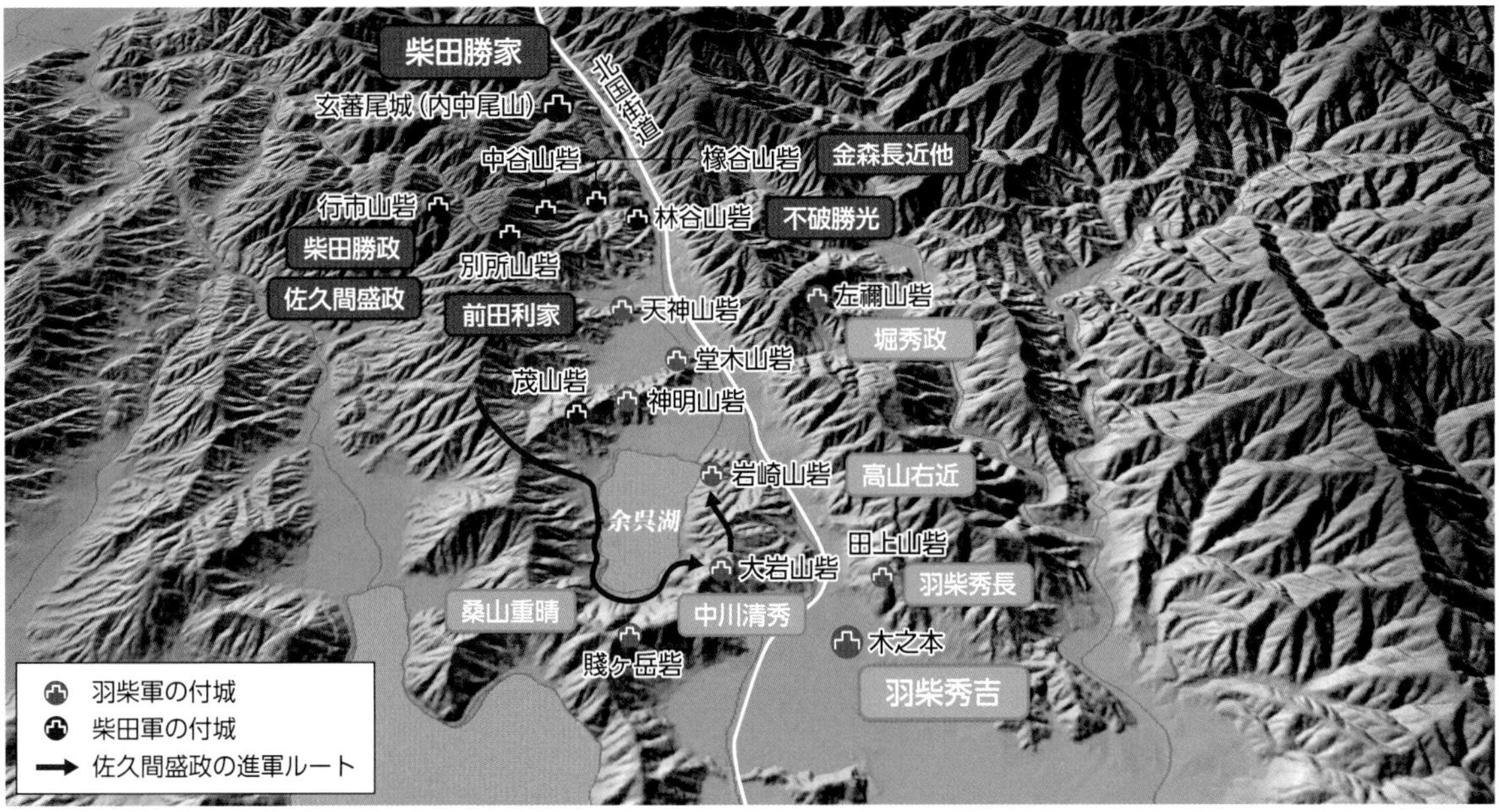

賤ヶ岳の戦いでは、北国街道に面して両軍が短期間に多くの砦を築き、防衛ラインを構築した。高い築城技術と動員力を要する戦国後期ならではの築城合戦となった。

玄蕃尾城

勝家の本陣である玄蕃尾城跡。非常に技巧的なつくりである。
福井県敦賀市

七本槍の活躍

賤ヶ岳の戦いで相手を討ち取る福島正則（市松）。『国史画帖大和櫻』より。

ライバル

織田家筆頭家老の「柴田勝家」

尾張《おわり》の土豪出身。信長の父である織田信秀《のぶひで》の死後は、信長の弟・信勝《のぶかつ》の家臣となり、信長排除を企むが失敗。その後、許されて信長の配下となると、畿内平定戦、姉川《あねがわ》の戦い、一乗谷《いちじょうだに》城の戦いなど、主要な戦いのほとんどに従軍し戦功を挙げている。

1576年に北陸方面軍団長となり、北陸平定に貢献。上杉謙信《うえすぎけんしん》死後に加賀《かが》・能登《のと》・越中《えっちゅう》を制圧し、織田氏の筆頭家老にのし上がった。信長死後の清須会議で羽柴秀吉と対立し、1583年に秀吉と武力衝突。賤ヶ岳の戦いで敗れ、北ノ庄城に撤退するも敗れて自害した。

柴田勝家

［1522-1583］北ノ庄城跡に立つ柴田勝家像。 北ノ庄城跡／福井県福井市

1584年

秀吉と家康が小牧・長久手で衝突

小牧・長久手の戦いの勝者は家康か秀吉どちらなのか？

長久手の戦いでは家康が秀吉軍を撃破

柴《しば》田《た》勝家《かついえ》、織田信孝《のぶたか》、滝川一益《たきがわかずます》といった織田氏の有力部将を倒し、織田家中での地位を確立した羽柴秀吉だったが、織田家中にとどまらず、自ら統一政権のトップに立つことを考え始めた。そのため織田信長の**遺児・信雄《のぶかつ》**との対立が顕在化しはじめ、信雄は秀吉から離れて**徳川家康**に支援を求めた。そして1584年3月、信雄は秀吉に近かった自らの家老3名を殺害し、秀吉との対決姿勢を明らかにする。

信雄討伐の兵を挙げた秀吉は犬山城を攻め落として緒戦を飾ると、犬山城近くの羽《は》黒《ぐろ》に**森《もり》長可《ながよし》**を着陣させた。家康・信雄の連合軍は羽黒に兵を進めて長可を打ち破り勝利を収め、小牧山《こまきやま》に本拠を構えた。これに対し秀吉は、自ら出陣して犬山城に入り、楽田《がくでん》に本陣を置いて家康・信雄連合軍と対峙した（**小牧の戦い**）。秀吉は、家康の隙を突いてその本拠地である三河《みかわ》を攻撃しようと画策し、羽柴秀次《ひでつぐ》・池田恒興《いけだつねおき》・森長可らを進軍させた。しかし、秀吉軍の動きを察知した家康は、三河へ進軍中の秀次軍の背後を襲い、白山林《はくさんばやし》あたりで秀次軍を撃破。さらに長久手《ながくて》で池田恒興・森長可軍と戦い、秀吉軍は恒興と長可が討ち取られるなど2500余人を失う大敗を喫した（**長久手の戦い**）。

しかし、長久手の戦いの一方で、秀吉は伊勢《いせ》の松ヶ島《まつがしま》城、尾張《おわり》の加賀野井《かがのい》城、竹鼻《たけはな》城など、家康方の拠点を次々と攻撃。家康側では、もともと秀吉と対立していた紀伊《きい》の根来《ねごろ》寺や雑賀《さいが》衆、四国の長宗我部元親《ちょうそかべもとちか》らと結託して秀吉の背後を脅かした。

こうして両者の戦いは膠着《こうちゃく》状態に陥り、6月になって秀吉は大坂城に、家康は清須《きよす》城に戻った。その後、局地的な戦闘は起こったが大勢は決せず、9月に入ると持久戦にしびれを切らした秀吉は講和に傾き、信雄への工作を進めた。11月になって信雄が伊賀と伊勢半国を秀吉に譲渡することで和睦が成立し、信雄を支援していた家康は秀吉と戦う名分を失い、家康も和睦に応じた。

秀吉は和睦の条件として信雄と家康から人質を取ることに成功。小牧・長久手の戦いは軍事的には決着はつかなかったが、**政治的には秀吉の勝利**に終わった。その後、家康という後ろ盾を失った根来寺と雑賀衆、長宗我部元親は秀吉によって討伐されることになる。

森長可戦死の地

眉間を鉄砲で撃ち抜かれて戦死した森長可。官名にちなんで「武蔵塚」と呼ばれる墓碑が立つ。　愛知県長久手市

歴史の流れ

織田信雄を支援する
家康と秀吉が対立

▼▼

三河入りを狙う
秀吉軍を家康が撃破

▼▼

戦線は膠着し秀吉は信雄と和睦
家康も和睦に応じる

両軍が長期間対峙した小牧・長久手の戦い

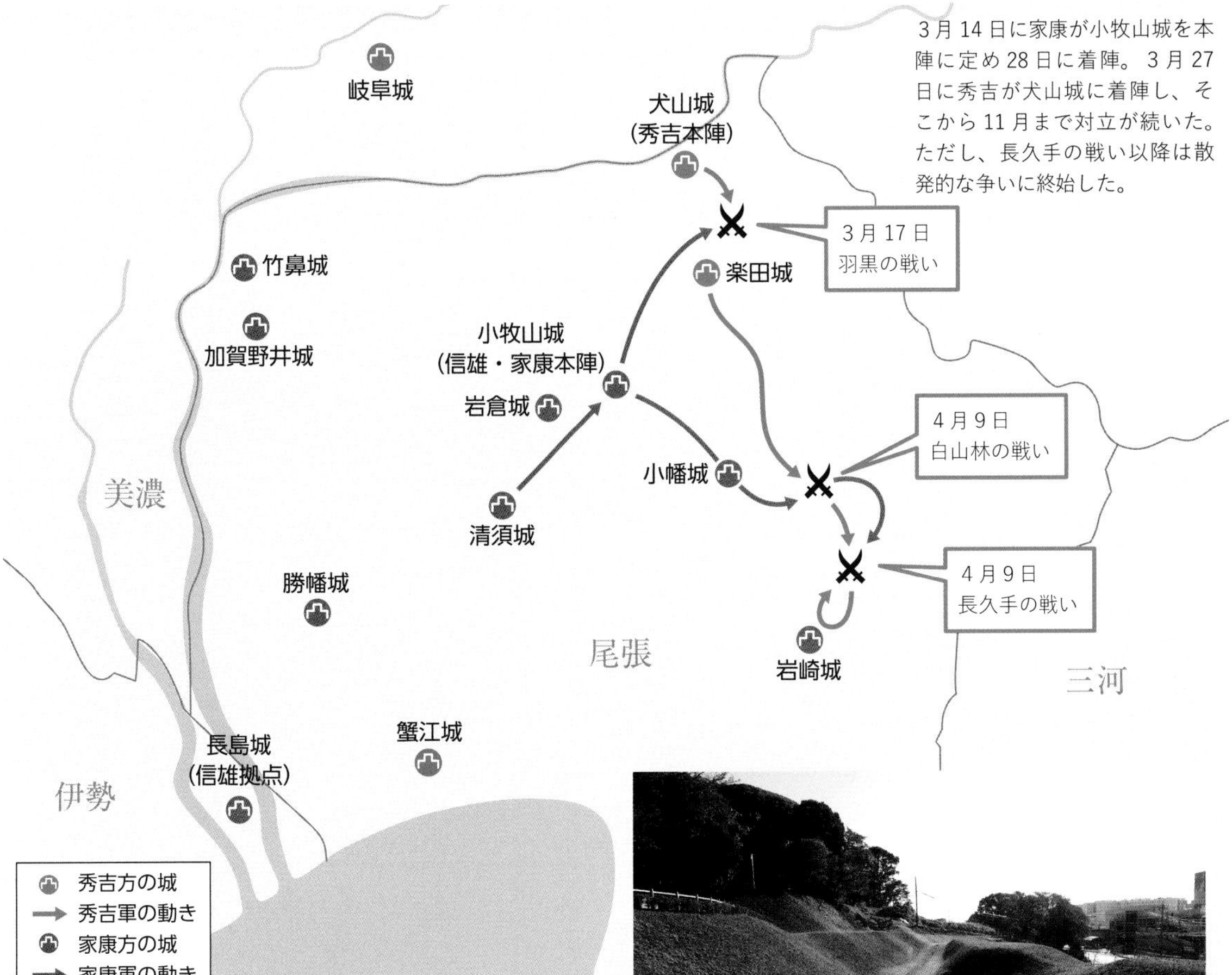

3月14日に家康が小牧山城を本陣に定め28日に着陣。3月27日に秀吉が犬山城に着陣し、そこから11月まで対立が続いた。ただし、長久手の戦い以降は散発的な争いに終始した。

家康方の本陣・小牧山城

元は信長の居城だったが、小牧・長久手の戦いを前に家康によって大改修された。　愛知県小牧市

全国の出来事

龍造寺隆信が沖田畷で敗死する

1578年の耳川《みみかわ》の戦いで大友宗麟《おおともそうりん》が敗れたことで、九州地方は北部に龍造寺隆信《りゅうぞうじたかのぶ》、南部に島津義久《しまづよしひさ》という2大勢力がにらみ合う情勢となった。1584年、肥前島原《ひぜんしまばら》の領主・有馬晴信《ありまはるのぶ》が龍造寺氏から離反し島津氏に支援を要請すると、島津家久《いえひさ》率いる島津軍が北上して島原に入り、龍造寺隆信は自ら軍を率いて有馬討伐のために南下した。

兵力に劣る有馬・島津連合軍は、島原半島北部の湿地帯である沖《おき》田畷《たなわて》で進軍してきた龍造寺軍と激突。深田地帯の一本道に誘い出された龍造寺軍は、当主の隆信を失う大敗北を喫した。

龍造寺隆信

[1529-1584] 主君の少弐氏を追放し、大友氏の領地を席巻して一大勢力を築いた。　佐賀県立博物館蔵

1585年

羽柴秀吉が関白に任じられる

秀吉はなぜ将軍ではなく関白に就任したのか？

関白をめぐる朝廷内の争いがきっかけに

小牧《こまき》・長久手《ながくて》の戦いが終わった1584年11月、羽柴秀吉は従三位《じゅさんみ》・権大納言《ごんのだいなごん》に、翌年3月には正二位《しょうにい》・内大臣《ないだいじん》に叙任され、**公卿《くぎょう》の仲間入り**を果たした。公卿とは従三位以上の貴族のことで、朝廷の政治を担う存在であり、室町幕府では将軍以外に将軍一族の数人の有力者しか就任していない特別な地位だった。

雑賀《さいが》衆を討伐して紀伊《きい》を制圧した秀吉は、続いて四国の長宗我部元親《ちょうそかべもとちか》討伐を進め、そのさなかの1585年7月、**関白《かんぱく》**に任じられた。従三位に叙されてからわずか8カ月のスピード出世である。この翌年には、朝廷から豊臣性を与えられた。

関白とは朝廷内では臣下の最高位で、藤原氏の子孫である五摂家《ごせっけ》（近衛《このえ》・一条・九条・鷹司《たかつかさ》・二条）しか任官できない官職だった。しかし、秀吉は五摂家筆頭の**近衛前久《さきひさ》**の猶子《ゆうし》になることで、関白任官を可能にしたのだった。五摂家以外で関白に就任したのは秀吉が史上初であった。

武家として統一政権をめざすなら、征夷《せいい》大将軍《たいしょうぐん》に就任したうえで幕府を開くのが普通である。なぜ、秀吉は征夷大将軍ではなく関白を望んだのだろうか。そもそも朝廷は、生前の織田信長に対して「征夷大将軍」「関白」「太政大臣《だいじょうだいじん》」のいずれかへの任官を打診しており、武士が関白に就任する下地はあった。秀吉にも同様の打診があったと考えられるが、その時朝廷内では、関白・二条昭実《あきざね》と、次期関白を狙う内大臣・近衛信輔《のぶすけ》との対立が勃発していた。そして、両者が秀吉に相談をもちかけたことで、秀吉がこの問題に介入することになった。そして自らが近衛家の一員として中継ぎの関白に就任し、そのあとに信輔に関白職を譲ることを朝廷に認めさせたのだった。

こうして秀吉は、関白職を統一政権運営のための権威として活用し、武家を貴族社会に組み込むとともに、貴族も一括して統率していく。しかし、武家が官職についたことで朝政は滞ることになり、秀吉死後に実権を握った家康は、**征夷大将軍**に就任して武家と貴族を分けて支配する道を選んだ。

豊臣秀吉

［1537-1598］下層階級の出身ながら信長の下で立身出世を果たし、天下人へと成り上がる。

高台寺蔵

歴史の流れ

武家の棟梁として
秀吉の官位は上昇

▼▼

近衛家猶子となり
臣下の最高位・関白に就任

▼▼

関白が武家と貴族を統べる
豊臣政権が発足

秀吉が天下の政庁として築いた3城

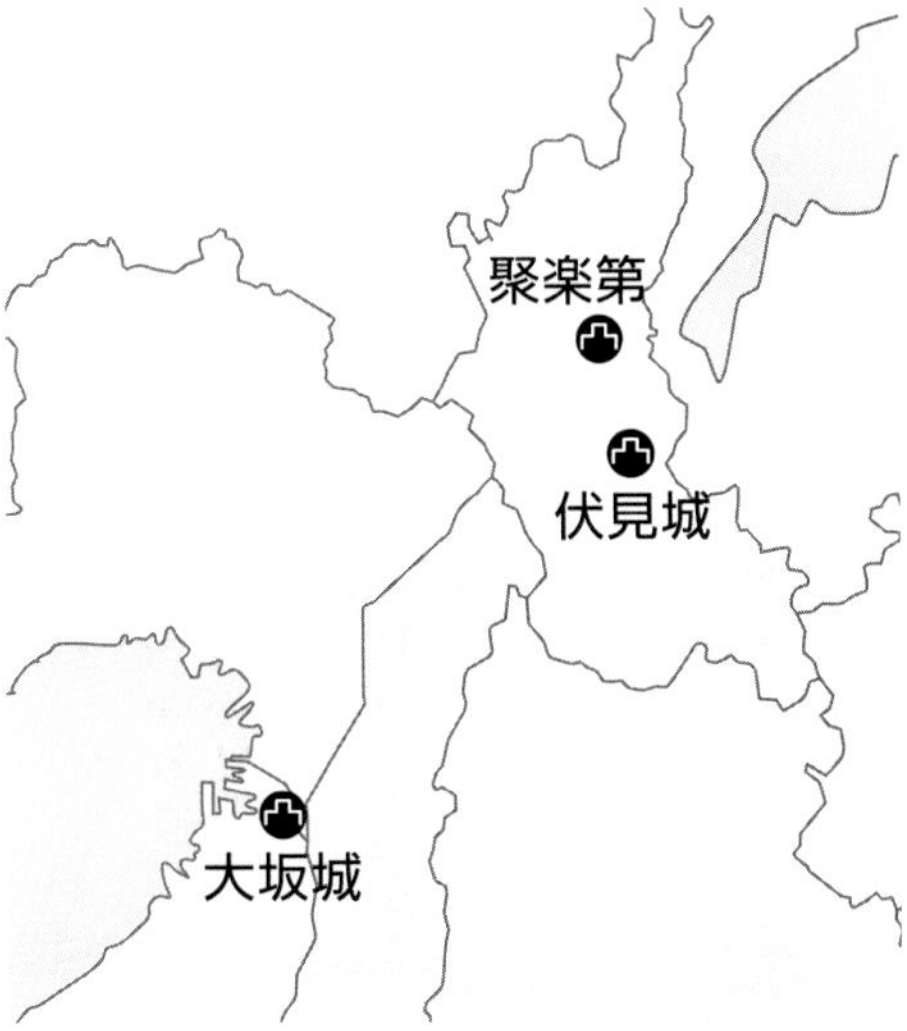

大坂城

柴田勝家を滅ぼした1583年に新たな居城として築城。秀吉は朝廷を大坂に移す画策をしていたが、遷都計画が頓挫して政権の中心地が聚楽第や伏見城に移ると、豊臣家の私的な城として機能した。現在残る遺構は徳川氏が改修したもの。

大阪府大阪市

伏見城

聚楽第を秀次に譲ったのちに秀吉の隠居所として築城されたが、聚楽第の破却により政庁として役割を引き継いだ。慶長大地震後に移築されており、移築前を指月伏見城、移築後を木幡山伏見城と呼ぶ。

「洛中洛外図屏風」／堺市博物館蔵

聚楽第

関白就任の翌1586年に着工された聚楽第は、京都における秀吉の邸宅、および政権の政庁として築かれた。1591年には関白職とともに甥の秀次に譲られるも、秀次の切腹処分によって聚楽第も破却された。

「聚楽第図」／大阪城天守閣蔵

戦国を知る

私戦を禁止する「惣無事」政策

1585年、長宗我部元親を降して四国地方を制圧した羽柴秀吉は、全国の大名に停戦を命じるとともに、領国の確定を秀吉政権が担うことを伝えた。大名同士の私戦を禁じることを「惣無事《そうぶじ》」という。

秀吉はこの命令に従わなかったとして、九州の島津氏と関東の北条氏を征伐し、奥州地方の領地割りを行った。秀吉の惣無事は大名同士の争いだけでなく、庶民レベルの争いにも適用され、村同士の喧嘩も禁止された。惣無事政策は家康政権にも受け継がれ、江戸時代の基本的な政策となった。

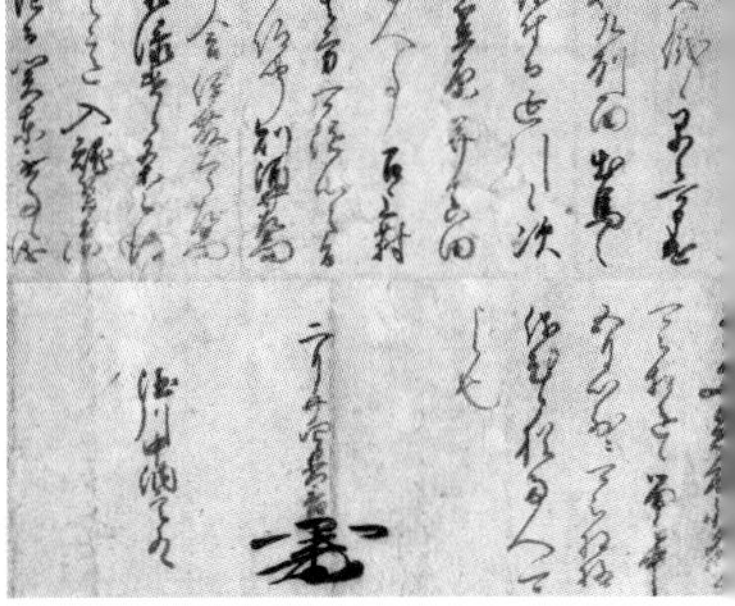

秀吉が関東の「惣無事」について家康に伝えた書状。

美濃加茂市民ミュージアム蔵

1587年 島津氏を降して九州を平定

九州統一目前だった島津はなぜ秀吉に屈したのか？

天下人の戦いで四国・九州を平定

小牧《こまき》・長久手《ながくて》の戦いで織田信雄《おだのぶかつ》・徳川家康との争いに一応の決着をつけた秀吉は、1585年3月に和泉《いずみ》・紀伊《きい》を攻め、**根来寺《ねごろじ》**や**雑賀《さいか》衆**などの抵抗勢力を駆逐。紀伊方面を平定した秀吉の次なる標的は、四国地方をほぼ制圧していた**長宗我部元親《ちょうそかべもとちか》**だった。

元親は賤ヶ岳《しずがたけ》の戦い、小牧・長久手の戦いと一貫して反秀吉陣営に加わっていたが、秀吉の勢力が強まると秀吉との和議を模索し、伊予《いよ》の割譲を和睦の条件として提示した。しかし、秀吉は阿波《あわ》と讃岐《さぬき》の割譲を求め、両者の交渉が決裂。1585年6月、弟の**秀長《ひでなが》**を総大将にした10万を超える兵力を四国に送り込んだ。

対する長宗我部軍は4万ほどの軍勢で迎え撃ったが、阿波・讃岐・伊予の3方面から進軍してきた秀吉軍に対し兵力を集中させることができずに降伏。元親は土佐《とさ》一国のみを安堵された。

四国に続き、秀吉に臣従していなかった九州地方の平定が行われた。当時の九州地方は**島津氏**が北九州まで勢力を伸ばしていたが、豊後《ぶんご》を拠点とする大友宗麟《おおともそうりん》が勢力を弱めながらも残っていた。四国攻めの最中に関白《かんぱく》に任じられた秀吉は、大名同士の戦いを禁じる惣無事《そうぶじ》政策を推進しており、戦いをやめない島津氏を惣無事違反として征伐することにした。秀吉から占領地の返還を求められた島津氏は、鎌倉時代以来の名門という矜持《きょうじ》もあり、秀吉との交渉を打ち切って両者の対立は決定的となった。

1586年4月、島津軍と戦う大友軍に秀吉軍が合流するかたちで、秀吉による**九州攻め**が始まった。秀吉軍は毛利氏をはじめとした西国大名を総動員した大軍勢だったが、地の利を生かした島津氏が粘り強く戦い、年を越した1587年3月、秀吉は自ら九州に出陣した。20万を超える兵力となった秀吉軍は各国の島津方の城を落としながら進軍し、4月末には薩摩《さつま》国内に侵攻した。ここにいたって島津氏は降伏し、島津氏は薩摩と大隅《おおすみ》が安堵された。

こうして西国を平定した秀吉は、関東以東の制圧に向けて動くことになる。

豊臣秀長
[1540-1591] 秀吉の右腕であり豊臣政権の宰相として兄を生涯支え続けた。
春岳院蔵

歴史の流れ

秀吉は根来寺や雑賀衆を攻めて紀伊地方を平定

▼

長宗我部元親を攻めて四国を平定

▼

大軍で九州を攻め島津氏を屈服させて西国を平定

西国諸将を動員した豊臣軍が九州を席巻

高橋紹運が身を挺して戦った岩屋城に立つ「嗚呼壮烈」の石碑。 福岡県太宰府市

秀長軍に包囲された高城の救援に向かった島津軍は、根白坂の戦いで完敗。 宮崎県木城町

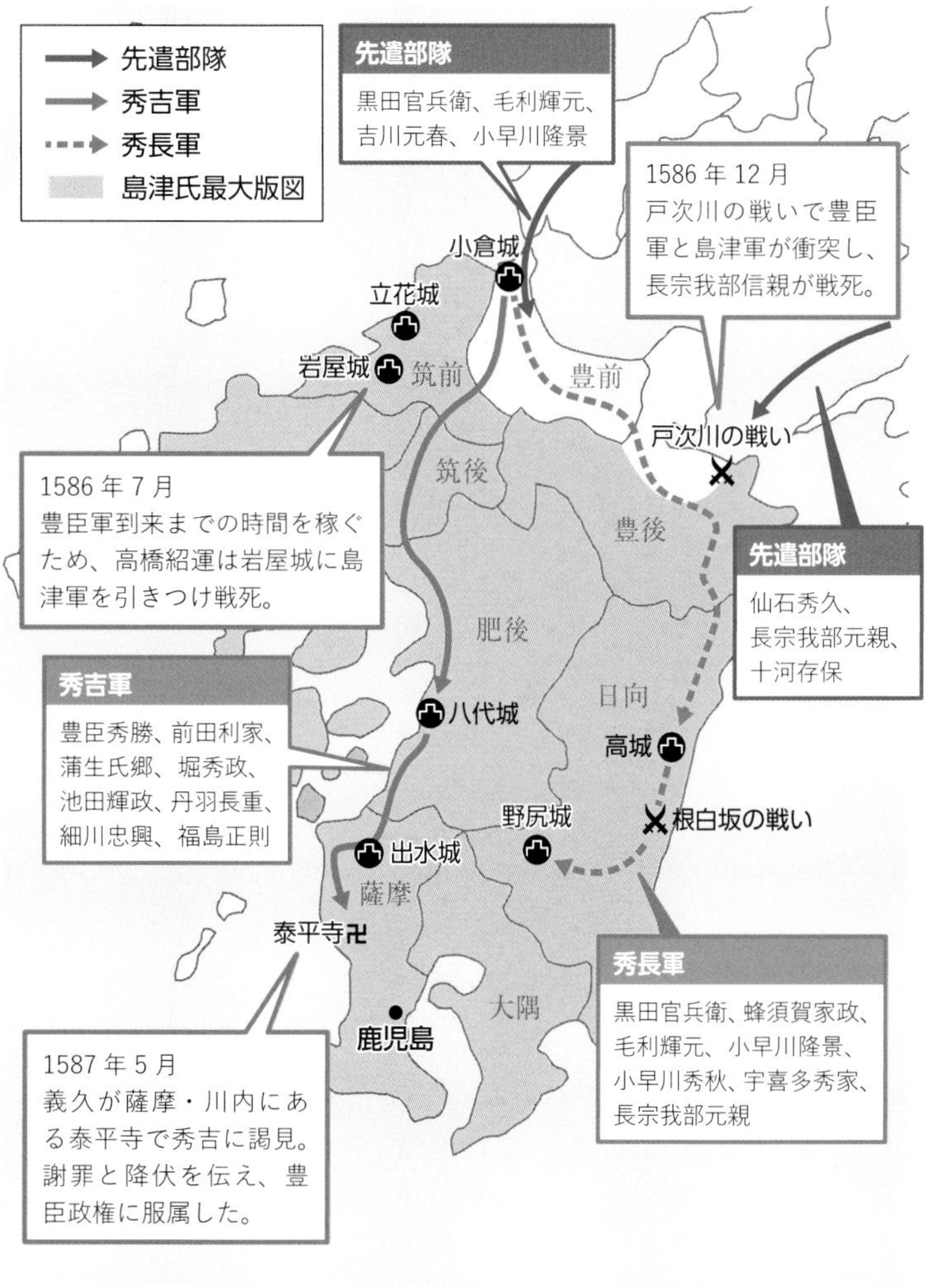

島津義久

[1533-1611] 剃髪して秀吉に謝罪する島津義久像。泰平寺に立つ。 鹿児島県薩摩川内市

戦国の文化人

財政面で九州攻めを支えた「神屋宗湛」

神屋《かみや》氏は代々博多の貿易商人として活動しており、宗湛《そうたん》の祖には石見《いわみ》銀山の再開発に尽力した寿禎《じゅてい》がいる。宗湛の代になると戦乱によって博多が荒廃していたことから、一時は肥前唐津《ひぜんからつ》に本拠を移していた。早くから中央ともつながりを持ち、1582 年には安土城で織田信長に謁見し、その後本能寺の変に巻き込まれている。

信長死後は秀吉からも厚遇され、宗湛もそれに応えて九州攻めでは大量の資金援助を行い秀吉軍を支えた。島津氏降伏後、秀吉は博多の復興に着手するが、宗湛は復興事業の中心人物として活躍する。

神屋宗湛

[1551-1635] 茶人としても一流であり、「博多の三傑」の一人に数えられる。東京大学史料編纂所蔵（模写）

１５８９年　摺上原の戦いで蘆名氏が滅びる

伊達政宗はどのように南奥羽を統一したのか？

長年のライバル・蘆名氏をくだして南奥羽を制圧

戦国時代の奥州では各地の在地勢力が戦国大名化し、奥羽北部の南部《なんぶ》氏、東部の葛《か》西《さい》氏・大崎《おおさき》氏、中西部の最上《もがみ》氏、中南部の伊達《だて》氏・蘆名《あしな》氏らが勢力を強めていった。

なかでも奥羽の覇者として君臨したのが伊達氏だった。伊達氏は鎌倉時代に土着した勢力が成長した家系で、戦国初期に**伊達稙宗**《たねむね》が陸奥守護に任じられたのを契機に戦国大名化を進め、分国法《ぶんこくほう》を制定し、近隣の有力諸将と婚姻関係を結ぶなどして成長していった。

伊達政宗
[1567-1636] 白装束で秀吉に面会し、切腹をまぬがれたと伝わる。
仙台城内／宮城県仙台市

その後、晴宗《はるむね》、輝宗《てるむね》と続いたあと、１５８４年に**政宗**《まさむね》が18歳で伊達氏当主となる。政宗はさらなる領土拡張をめざし、これに対し蘆名氏・岩城《いわき》氏らは常陸《ひたち》の佐竹《さたけ》氏と結ぶとともに、白河《しらかわ》氏・石川氏ら南奥諸将を取り入れて政宗と敵対した。１５８５年の**人取橋**《ひととりばし》**の戦い**は痛み分けに終わるも、佐竹氏が北条氏への対応に追われて南奥戦線から離脱すると、政宗は再び近隣への侵攻を開始し、翌年には二本松《にほんまつ》の畠山《はたけやま》氏を降した。

１５８８年2月、室町幕府将軍・足利氏の流れをくむ名門・大崎氏との戦いで大敗し、大崎氏と結んだ最上氏とも小競り合いが続いたが、母・義姫《よしひめ》の斡旋で最上氏とは和睦している。１５８９年に再び大崎領を攻めて勝利を収め、大崎氏は伊達氏に服属した。

同年6月には長年のライバルだった蘆名氏を**摺上原**《すりあげはら》**の戦い**で破り、会津を勢力下に入れた。蘆名氏という脅威を取り除いた政宗はその後、白河氏・石川氏を服属させ、二階堂氏を滅ぼすなど南奥諸将を次々に降して奥州南部をほぼ制圧した。こうして政宗の支配する領地は、現在の宮城県の半分、福島県・山形県の南部、新潟県と栃木県の一部に及んだ。これに同盟関係の葛西氏と大崎氏の領地を加えれば、岩手県の南半分にも達する。

最大版図を築き上げた政宗だったが、惣《そう》無《ぶ》事《じ》政策に反して蘆名攻めを行ったため、豊臣政権からその行為を問いただす使者が送られ、たびたび上洛を促されるようになる。１５９０年に秀吉から北条氏攻めへの参陣を促す書状が届くと、中央情勢を踏まえたうえで**小田原に参陣**し、秀吉に臣従。一部の所領は没収されたが、本領を安堵された。

歴史の流れ

政宗の曽祖父・稙宗の代に
伊達氏が台頭

▼▼

政宗は摺上原の戦いで
ライバル蘆名氏を撃破

▼▼

秀吉を無視できなくなり
小田原に参陣して服属

奥羽に覇を唱えた伊達政宗の活躍

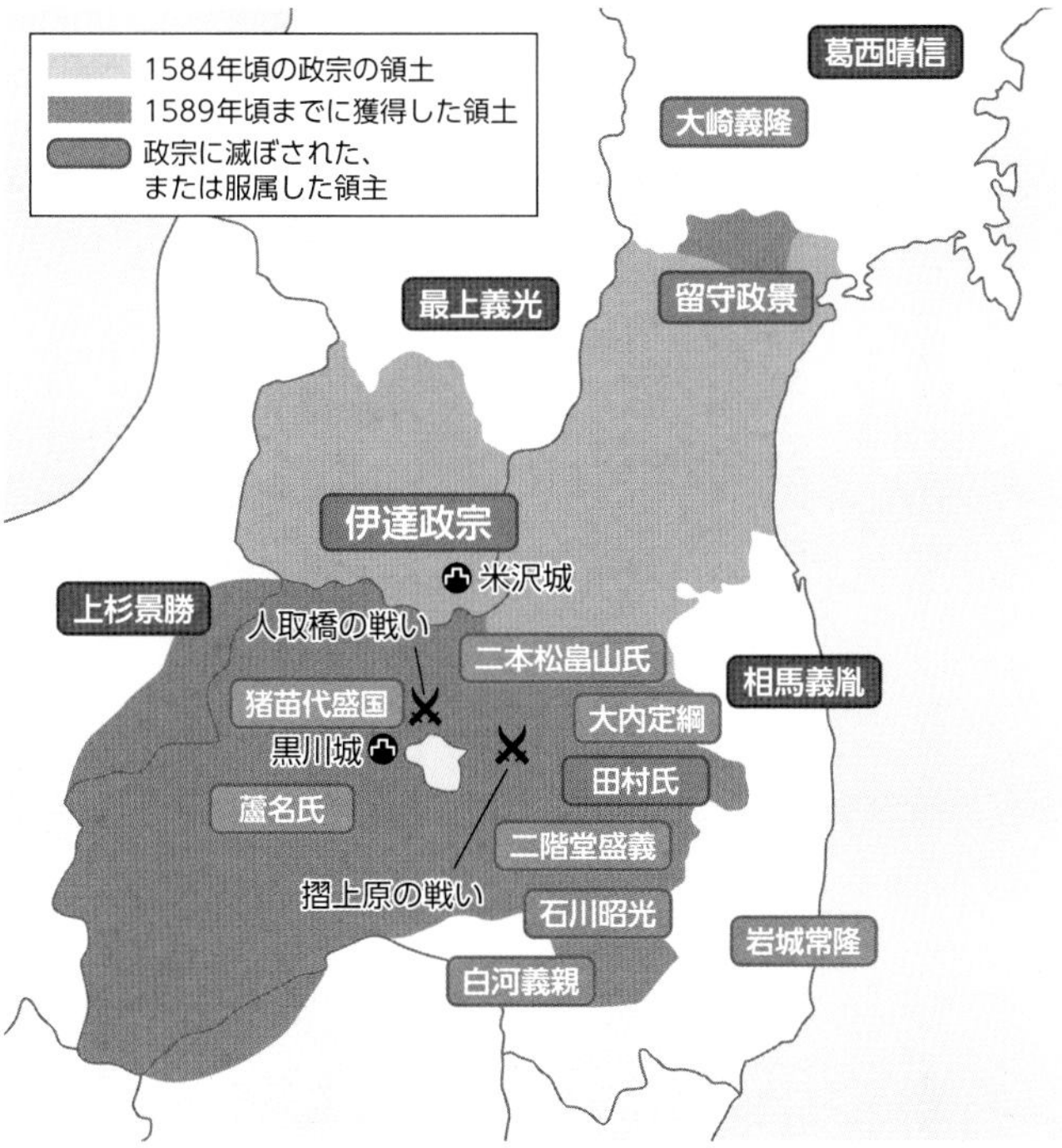

父・輝宗の隠居にともない1584年に家督を継いだ政宗は、時に力攻めで、時に懐柔しながら南奥羽を平定していった。「政宗があと10年早く生まれていれば天下が獲れた」という議論があるが、果たしてどうだっただろうか。

伊達政宗所用 黒漆五枚胴具足

全身を黒漆塗として、前立てに大きな弦月を飾る。政宗の高い美意識が感じられる、桃山時代を代表する具足だ。政宗廟所である瑞鳳殿跡の発掘調査では、同型の具足が副葬されていたことが判明した。　仙台市博物館蔵

政宗が築城した仙台城

関ヶ原の戦い後、政宗は上杉氏との戦いに備え仙台城を築き、居城として城下町の発展に尽力した。　宮城県仙台市

1450
1480
1510
1540
1570
1600

ライバル

政宗と鎬を削った「最上義光」

南北朝時代に奥州管領《かんれい》を務めた斯波《しば》氏を祖とする最上氏。伊達氏とはしばしば対立関係にあったが、最上義守《よしもり》の娘である義姫《よしひめ》は政略結婚によって伊達輝宗に嫁いだ。輝宗と義姫の間にできた嫡男が政宗であり、義姫の兄が最上義光《よしあき》である。

義光は出羽《でわ》に割拠する諸将を平定し、出羽南部に一大勢力を築き上げたが、摺上原の戦いで蘆名氏が滅ぼされたことで、甥である政宗からの脅威を受ける。しかし、豊臣秀吉による北条氏攻めが起こり、義光も小田原城に参陣して本領を安堵された。

最上義光

[1546-1614] 江戸時代には山形藩57万石を与えられ、領内の開発に尽力した。　山形城内／山形県山形市

1590年

北条氏が滅亡し秀吉の天下統一が成る

関東の雄・北条氏はなぜ秀吉と開戦したのか?

沼田をめぐる対立が小田原攻めの引き金に

5代にわたり関東を領有した北条氏だが、九州攻めによって天下の帰趨《きすう》が変わらぬものとなると、豊臣秀吉への従属を検討するようになる。1589年2月、5代当主である**北条氏直**《ほうじょううじなお》は家臣を上洛させ、真田《さなだ》領である上野沼田《こうづけぬまた》の割譲を秀吉に求める。沼田はもともと真田氏が奪い取った領地だが、小牧《こまき》・長久手《ながくて》の戦いで北条と徳川が同盟した際に、沼田は北条氏に引き渡されることになっていた。しかし、**真田昌幸**《まさゆき》はこれを不服として退かず、沼田の帰属が宙に浮いていたのだ。秀吉は沼田の3分の2を北条、3分の1を真田とする北条氏に有利な裁定を下すと、北条側もそれを受け入れ、前当主である氏政《うじまさ》の上洛を約束した。

ところが、秀吉の裁定から9カ月後の1589年11月、北条軍が真田氏の**名胡桃**《なぐるみ》**城**を奪取するという事件が起こる。秀吉の裁定を無にするだけでなく、惣無事《そうぶじ》政策にも反する行為であり、秀吉は激怒した。氏直は秀吉に釈明する一方で、徳川家康に仲介を頼んでおり、秀吉の怒りを解こうと必死だった。しかし、秀吉側から名胡桃城を奪取した家臣・猪俣邦憲《いのまたくにのり》ら関係者の処分を求められるとこれを拒否。こうして、秀吉と氏直の交渉は決裂してしまい、**小田原攻め**の引き金が引かれることになった。

1590年に入ると全国の大名に対して北条氏討伐の動員令が出され、3月には秀吉自らも出陣。豊臣軍として動員されたのは家康をはじめ、織田信雄《のぶかつ》・上杉景勝《うえすぎかげかつ》・毛利輝元《もうりてるもと》・長宗我部元親《ちょうそかべもとちか》など錚々《そうそう》たる顔ぶれで、総勢20万を超えたという。秀吉軍は小田原城を包囲するとともに忍《おし》城や八王子城など北条方の拠点に攻め寄せた。城攻めは4カ月にも及び、北条方からは投降する者が続出し、7月5日、氏直はついに降伏して秀吉に降る。

北条氏滅亡後、秀吉はさらに下野《しもつけ》まで進軍し、奥州仕置によって東北大名の改易や領土確定を行う。ここに、秀吉の**天下統一**事業が完了したのである。

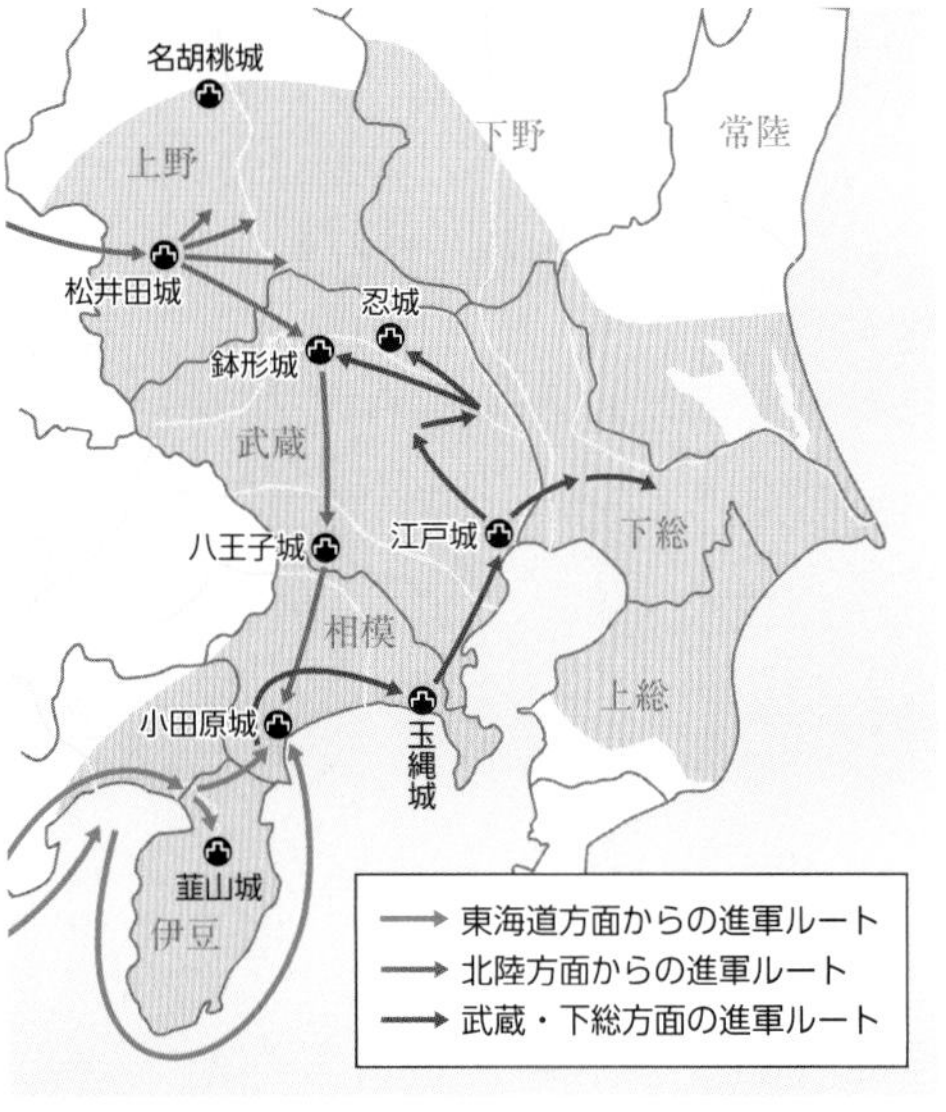

豊臣軍の進軍ルート

別動隊によって北条方の支城は次々と陥落し、小田原城は支援の芽を摘まれた。

歴史の流れ

沼田の帰属問題が解決し
北条は秀吉への臣従に傾く

▼

名胡桃城問題によって
交渉が決裂

▼

**小田原攻めにより
北条氏滅亡**

1450
1480
1510
1540
1570
1600

豊臣軍による徹底した小田原城包囲網

当時、日本最大規模の城郭だった小田原城。その最大の特徴は、大規模な堀と土塁の「惣構《そうがまえ》」によって城郭と城下町が守られている点だ。北条方は惣構内に豊臣軍を入れることなくよく防いでいたが、救援の見込めない状況下で次第に苦境に立たされていく。

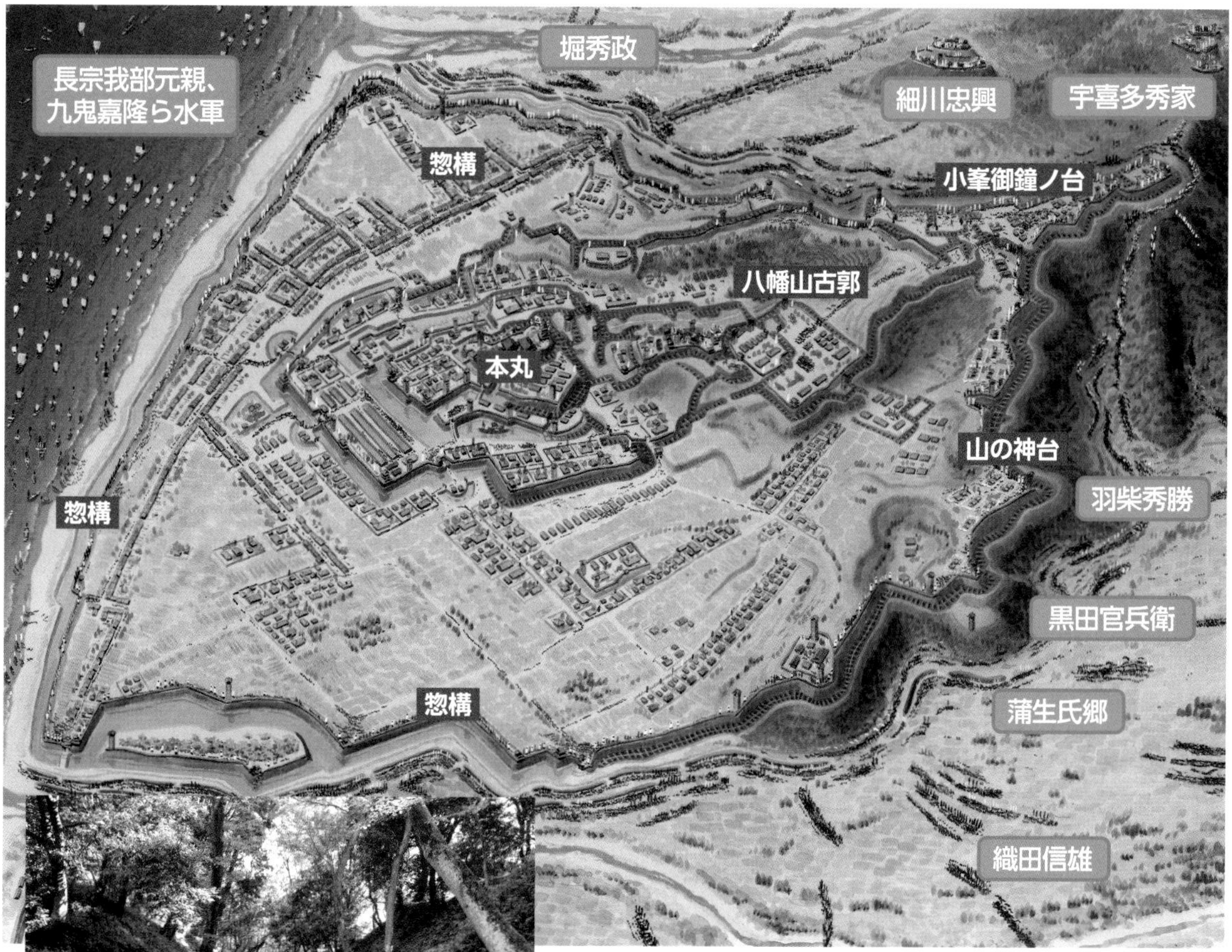

イラスト＝香川元太郎

小峯御鐘ノ台の横堀
長大な横堀が現在も残されており、惣構がいかに強固だったかを今に伝えている。
神奈川県小田原市

全国の出来事

奥州各地で一揆が起こる

下野の宇都宮城に着陣した秀吉は奥州の国割《くにわ》りを行う。小田原に参陣した南部《なんぶ》や最上《もがみ》、津軽《つがる》などは所領を安堵された一方、小田原に遅参した伊達政宗などは減封とされ、参陣しなかった葛西《かさい》や大崎《おおさき》などは改易となった。

その後、旧領では改易された家の家臣たちが決起して、葛西・大崎一揆や和賀《わが》・稗貫《ひえぬき》一揆が勃発。南部家中の九戸《くのへ》政実《まさざね》は一方的な改易や領地変更をよしとせず、九戸城で豊臣政権へ反旗を翻した。秀吉は奥州仕置軍を編成して武力で鎮圧し、奥州平定を達成する。

九戸城の籠城兵は奥州仕置軍により処刑され、城も火をかけられ破壊された。　岩手県二戸市

1592年 秀吉の朝鮮出兵（文禄・慶長の役）が始まる

天下統一した秀吉はなぜ朝鮮出兵を行ったのか？

明の征服を目指して豊臣軍が朝鮮へ出兵

全国を平定して統一政権をスタートさせた豊臣秀吉が次の標的として定めたのは、中国王朝・明《みん》だった。

秀吉は関白《かんぱく》就任の頃から外征を考えていたとされ、九州平定ののち、明に出征するので軍艦を用意してほしいとイエズス会宣教師に依頼している。また、家臣の一柳直《ひとつやなぎなお》末《すえ》に宛てた1585年の書状にも、唐《から》（中国）入りを目論んでいることが記されている。秀吉が外征を計画した理由として、秀吉の**征服欲説**や、拡大する家臣団に新たな領地を与えるため海外に**領土拡張**を求めた説などが、様々な説が出されている。

近年では、室町幕府以来途絶えていた明との**勘合貿易《かんごうぼうえき》再開**を目的としていたという説も唱えられているが、どれか一つの説に求めるのは難しい状況だ。

秀吉は対馬《つしま》の宗《そう》氏を通じて朝鮮王朝の来日を求め、1590年に朝鮮王朝の通信使が派遣された。通信使の目的は国内統一を祝う外交使節にすぎなかったが、秀吉は日本への従属を伝える使者だと認識し、朝鮮側に「征明嚮導《せいみんきょうどう》」（明侵攻の先導）を命じる。宗氏はそれを歪めて「仮途《かと》入明《にゅうみん》」（明侵攻のために道を借りる）の交渉を行うも、朝鮮側は要求を拒絶し、交渉は決裂した。

秀吉は1591年、明への出征準備を全国に布告し、肥前《ひぜん》名護屋《なごや》に外征の前進基地としての城を築城させた（名護屋城）。そして翌1592年4月、総勢16万が動員された**文禄《ぶんろく》の役**が始まる。日本が本当に攻めてくるとは思っていなかった朝鮮国内は混乱し、日本軍は優勢に戦を進め、5月3日には首都・漢城《ハンソン》（現ソウル）を落とした。7月、朝鮮を救援するために明の軍勢が朝鮮入りし、日本軍は平壌《ピョンヤン》で進軍をやめた。1593年5月、明の使節が名護屋に到着する。しかし、講和交渉は難航し、1597年、秀吉は再出兵を決め、14万の大軍を渡海させた（**慶長《けいちょう》の役**）。日本軍は再び優勢だったが、1598年8月に秀吉が死去したことで外征は中止となり、日本軍は帰国した。朝鮮王朝との講和は家康が政権を握ってから成立したが、明とは講和交渉中に明が滅亡したため講和は成立しなかった。

加藤清正の虎退治
朝鮮での清正のエピソードとして知られるが黒田長政の逸話とする説もある。『国史画帖大和櫻』より。

歴史の流れ

明に進攻するため朝鮮と交渉を行う

▼

交渉が決裂したため朝鮮出兵を行う

▼

豊臣秀吉の死により朝鮮出兵が終了

失敗に終わった秀吉の朝鮮出兵

文禄・慶長の役における日本軍進路

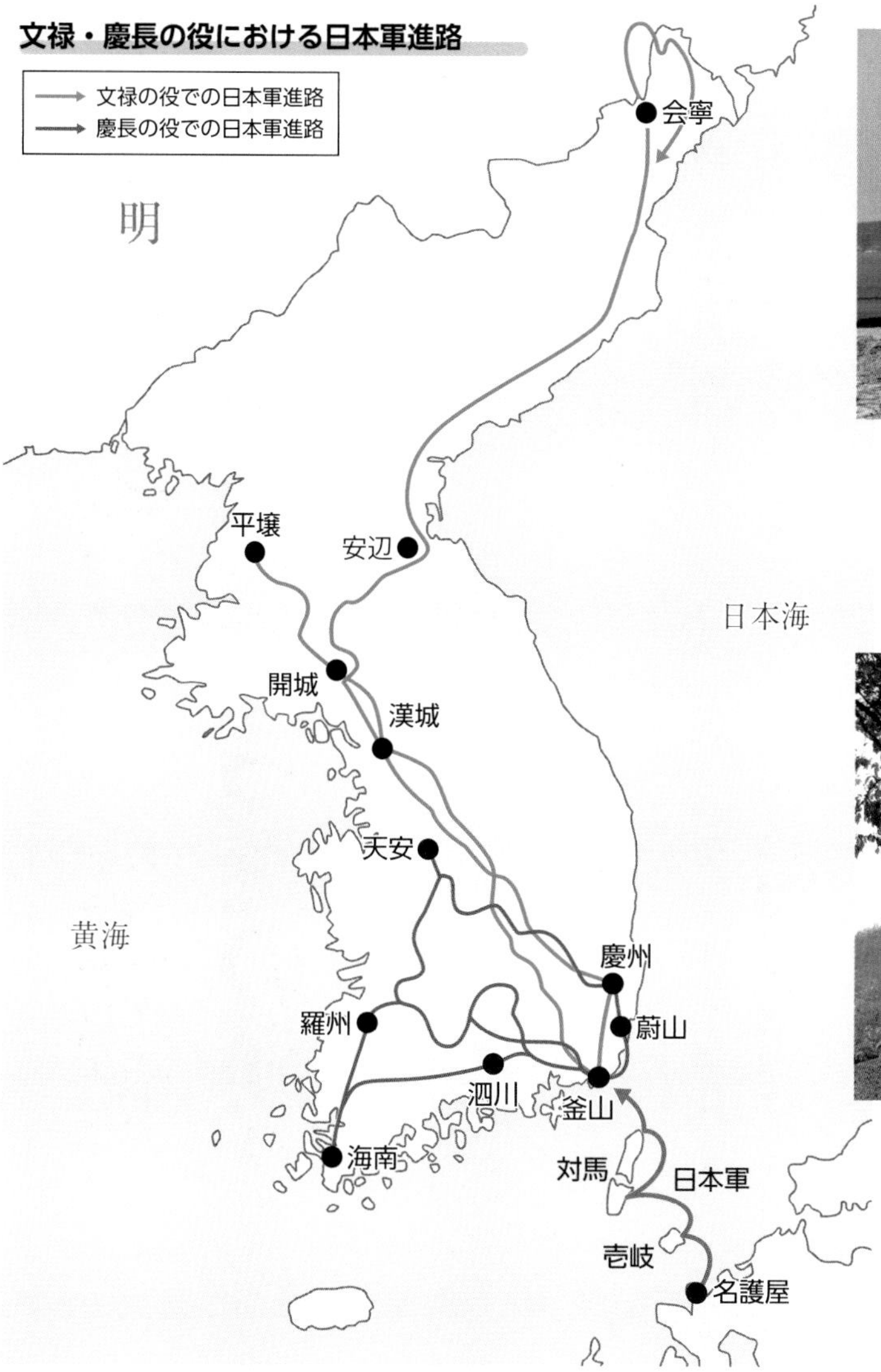

肥前名護屋城跡

名護屋城の天守台跡から対馬海峡を望む。何百隻もの船がここから朝鮮半島へ向け出港した。現在も晴れた日は、名護屋城跡から対馬を見ることができる。　佐賀県唐津市

耳塚（鼻塚）

秀吉が築いた京都東山の方広寺そばに残る耳塚（鼻塚）。朝鮮出兵で日本兵は首級の代わりに朝鮮人の耳や鼻をそぎ、塩漬けにして日本に持ち帰ったとされる。　京都市東山区

全国の出来事

石川五右衛門が釜煎りになる

1594年10月、京で活動していた盗賊が、三条河原で釜煎《かまい》りという方法で処刑された。熱湯や油で煮えたぎった釜の中に罪人を入れて殺すという悲惨な処刑法である。この時に処刑された盗賊が石川《いしかわ》五右衛門《ごえもん》。五右衛門の素性は不明で、三好氏の家臣である石川氏の出身とも、丹後《たんご》の国人《こくじん》・石川氏の出身ともいわれる。釜煎りという特殊な方法による処刑だったことから世間の耳目を集め、江戸時代以降、歌舞伎や浄瑠璃の題材として利用された。義賊として描かれることも多いが、ほとんどの逸話は後世の創作である。

歌川豊国画「石川五右衛門と一子五郎市」。　舞鶴市蔵

1594年 統一基準にもとづく検地を全国で始める

日本史上の画期となった太閤検地の意義とは？

度量衡を統一し 兵農分離を促進させる

戦国大名は領国内の農民が納める年貢を主な財源としていた。領主は領国内の農地の生産高と、年貢を納める当事者を把握する必要があり、そのために**検地**《けんち》を行った。

しかし、当時の田畑は、平安時代以来の荘園《しょうえん》制度のために権利関係が複雑だった。簡単にいえば、所有者と耕作者が一致せず、その他にも仲介人のような人物が複数いることもあり、領主でさえ全貌をつかむことは困難だった。そのため検地といっても、**自己申告**による指出《さしだし》検地によるしかなく、自己申告である以上、嘘も多く、正確な生産高はわからなかった。

農民出身の豊臣秀吉はこうした実状を熟知しており、領地を支配するためには正確な検地の必要性を痛感していた。秀吉は信長の家臣時代から、領地を獲得するたびに土地の検地を実施していた。

そして全国統一後の1594年、統一した検地尺にもとづいた検地を改めて行った。これを「**太閤**《たいこう》**検地**」という。当時の日本は全国的に統一された度量衡《どりょうこう》がなく、地域によって単位が違うということが起こった。そのため秀吉は、6尺3寸を1間《けん》と定め、1間四方を1歩《ぶ》、30歩を1畝《せ》、10畝を1段《たん》と、統一した単位を制定して検地を行った。また、容積の単位も、1石《こく》＝10斗《と》、1斗＝10升《しょう》（1升＝約1・8リットル）とし、使用する枡も**京枡**《きょうます》**に統一**した。太閤検地では不正が行われることを防ぐために豊臣政権から検地奉行が現地に派遣され、原則として奉行が調査した。

秀吉はまた、一《いっ》地一作人《ちいっさくにん》の制度を確立し、一区画の土地の耕作者を一人の百姓に定め、従来の複雑な土地の権利関係を整理した。これら検地の結果は検地帳にまとめられて秀吉に提出された。これにより年貢を中間搾取することは事実上困難となったが、これは秀吉が推進する**兵農分離**にも影響を与えた。これまでのように、土豪《どごう》や地侍《じざむらい》、有力農民が土地の収益を中間搾取することで財を成し、力をつけて武士化するということができなくなり、農民は農民の仕事に専念することになったのである。

太閤検地の実施により、土地の生産力は米の収穫量で表されるようになる。これを**石高**《こくだか》**制**というが、年貢は石高に応じて課せられ、大名や家臣への知行給付、軍役賦課、家格などの基準となった。

検地尺

島津氏の領内で用いられた検地尺。両端には奉行を務めた石田三成の名がある。

尚古集成館蔵

歴史の流れ

秀吉が全国の大名に一律の検地を命じる

▼

度量衡が統一され権利関係も明確になる

▼

石高制が確立し中央集権の基盤となる

秀吉による天下統一政策で中央集権体制が確立

秀吉の政策による変化　戦国時代まで、地方は各大名による分権的な支配がされていたが、秀吉は度量衡の統一や太閤検地の実施によって全国一律での支配を実現。こうした統一政策が強い統治権を持つ中央集権体制を生み出し、次の江戸時代の体制へと受け継がれた

	秀吉以前		秀吉以後
土地制度	**貫高制** 土地の収穫高を銭（貫）に換算して示し、税収や軍役の基礎とした。銭の不足により制度が破綻。	➡	**石高制** 土地の収穫高を米の容積である「石」で表す石高制が確立。江戸時代も一貫して石高制が維持される。
度量衡	戦国時代には長さや面積の単位が大名の領国ごとに異なり不統一だった。	➡	長さの単位を「間」、面積の単位を「歩・畝・段・町」、容積の単位を「合・升・斗・石」に統一。
検地	既存の土地所有者が抵抗するため一律での検地や収穫高の把握は困難だった。ただし、織田信長や北条氏ら新興大名は領国内の検地と課税台帳の整備を積極的に行う。	➡	秀吉は全国の大名に検地帳と国絵図の提出を指示。太閤検地は全国に派遣された検地奉行主導で実施されたため、ごまかしがきかなくなる。
身分	中世には武士と農民は不可分であり、半士半農が主流だった。戦国時代に入り、戦闘を専業とする武士階級が出現する。	➡	農民から武器を没収し、身分を固定化する兵農分離が進められる。江戸時代に入ると身分の固定化はさらに強化される。
宗教政策	織田信長はキリスト教は保護・容認する立場をとる。また西国大名を中心に、自ら洗礼を受けたキリシタン大名が生まれる。	➡	秀吉は九州平定後、バテレン（宣教師）追放令を公布。キリシタン大名にも棄教を強いる。

太閤検地の実施国数

秀吉は領土を拡大するごとに、各大名に命じて検地を実施していった。

同一石で複数回行われた場合も含む／帝国書院『図説 日本史通覧』の掲載図版をもとに作成

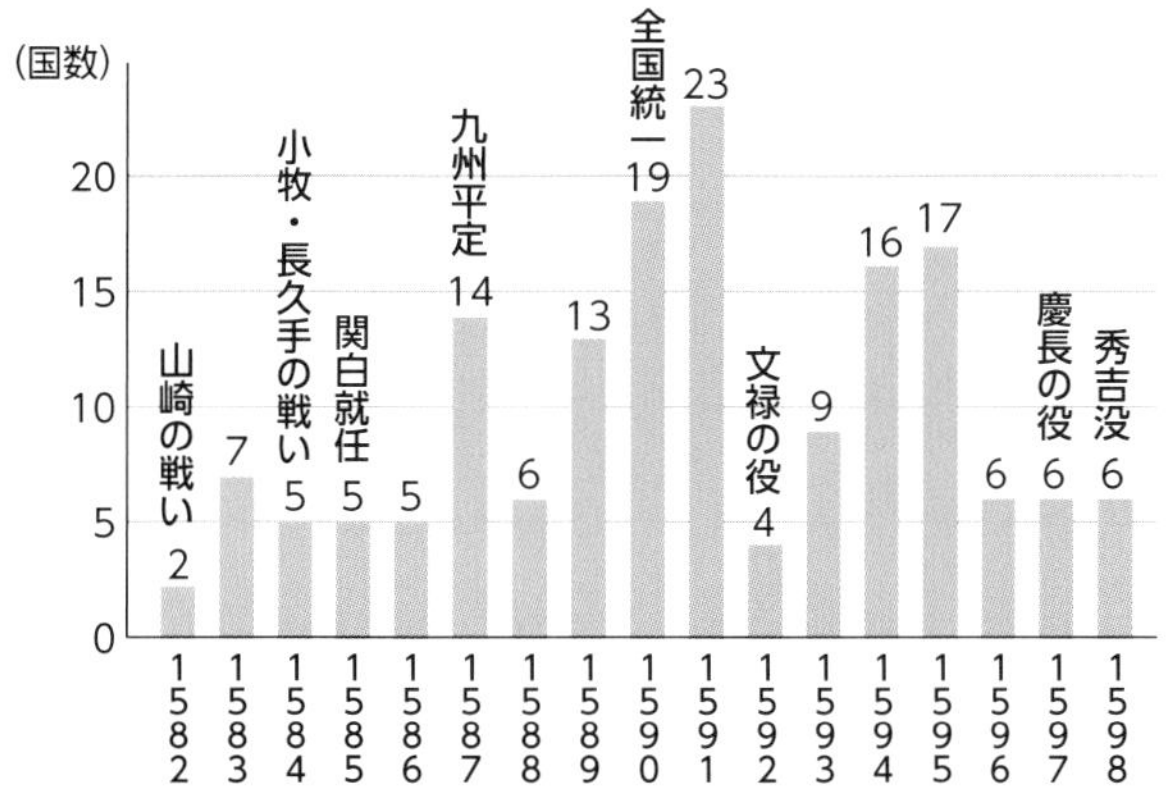

太閤検地で使われた升

戦国時代まで地域により升のサイズは様々だったが、秀吉はその容量を京升に統一した。　芥田家蔵

戦国を知る

検地とともに進められた「刀狩り」

1588年、豊臣秀吉は諸国の農民が刀や弓、鉄砲などの武器を持つことを禁じた「刀狩り令」を発令した。秀吉は刀狩りを行う理由として、一揆を防止すると明示し、没収した武器は京都方広寺《ほうこうじ》の大仏鋳造のために使うとした。刀狩りは、秀吉の許可なく私闘を禁じた惣無事《そうぶじ》政策の一環である一方、兵農分離が進んだ。

さらに豊臣政権は、1590年代に人掃令《ひとばらい》を発布。武家奉公人が農民や町人になること、農民がほかの業種に転じることを禁止しており、農民が農業に専念することを推進した。豊臣政権が行った刀狩りと人掃令によって士農商身分の制度的確立が進み、江戸幕府の基本的な身分制度につながった。

16世紀後半

統一事業が進む中で安土・桃山文化が花開く

信長・秀吉時代の文化はなぜ派手で豪華なのか？

現世的・人間的で豪華絢爛な文化が発展

織田信長が台頭してから豊臣秀吉が統一事業にまい進した16世紀後半、黄金に彩られた豪華絢爛な文化が花開いた。この時代の文化を「**安土《あづち》・桃山《ももやま》文化**」、または「桃山文化」と呼ぶ。

桃山文化の主な担い手は、新興の武士と豪商《ごうしょう》だった。彼らの財力を土台に花開いた文化だったため、豪壮で華麗な点が特徴的で、戦乱の時代から国内統一という時代的風潮から現世的・人間的な面も見られる。

豪壮華麗の代表的なものに、各地に築かれた城郭がある。**安土城**には初めて本格的な高層の楼閣である天守《てんしゅ》が築かれ、秀吉の居城である**大坂城**とともに、その壮大さは当時の人々の度肝を抜いた。

城郭の発展とともに、城郭の内部を飾った障壁画《しょうへきが》や屏風絵《びょうぶえ》も発達。室町幕府の御用絵師だった**狩野《かのう》派**が活躍し、狩野永徳《えいとく》は信長や秀吉に認められ、安土城や聚楽第《じゅらくてい》、大坂城の障壁画を描いた。絵画では風俗画の成立も見逃せない。新興階級の台頭によるもので、世俗的な庶民文化を取り上げた「**洛中洛外図《らくちゅうらくがいず》屏風**」や「職人尽図《しょくにんづくしず》屏風」などが描かれた。

城郭の発展がもたらした文化として、**書《しょ》院造《いんづくり》**の庭園がある。広い敷地に開放的な空間をつくり上げ、戦国大名は権威を誇示するために競って作庭した。今も残る醍醐寺《だいごじ》三宝院《さんぼういん》庭園は、秀吉自ら設計したと伝わる池泉回遊式《ちせんかいゆうしき》の庭園だ。

芸能分野では、出雲阿国《いずものおくに》が始めた**阿国歌舞伎**が誕生した。現代の歌舞伎の元祖ともいえるもので、日本の芸能文化に大きな影響を与えた。また、琉球《りゅうきゅう》王国から伝わった三線《さんしん》をもとにした**三味線《しゃみせん》**が登場し、室町時代以来の**浄瑠璃《じょうるり》**が三味線を伴奏に取り入れたことでさらなる発展を見た。

茶の湯が武士階級のたしなみとなり、大胆なデザインの茶器が流行。　黒楽茶碗 銘むかし咄／東京国立博物館蔵

絢爛豪華な文化の一方、簡素で落ち着いた**侘《わ》び茶**が大成するのもこの時代だった。千利休《せんのりきゅう》や今井宗久《いまいそうきゅう》などの茶人が登場し、彼らが戦国大名と結んだことで、茶道は武家のたしなみの一つとして発展した。しかし、秀吉は侘び茶にも豪華さを求めて、金箔をふんだんに使用した黄金の茶室をつくったと伝わる。

歴史の流れ

信長・秀吉の統一政権に富と権力が集中する

▼

彼らがパトロンとなり桃山文化が隆盛する

▼

新興の武士や商人らが文化の担い手となる

豪壮で新奇な安土・桃山時代の文化

屏風絵

城や御殿の内部を飾る障壁画として発展。金箔地に豪快な構図、力強い描線が特徴。
狩野永徳筆「檜図屏風」／東京国立博物館蔵

庭　園

武家住宅である書院に座して鑑賞することを意図している。池や巨石の配置により日本の名所を表現。
醍醐寺三宝院庭園／京都市伏見区

城郭建築

信長時代に権力のシンボルとなる高層の天守が創出し、秀吉時代に全国へと広まった。 姫路城天守／兵庫県姫路市

風俗画

大都市では富裕な商人（町衆）が台頭し、庶民の日常の姿を活写する風俗画が登場する。「洛中洛外図屏風 舟木本」（部分）／東京国立博物館蔵

戦国の文化人

外交官も担った「千利休」

茶の湯の大成者として知られる千利休は、本来は堺《さかい》の商人だった。入洛した織田信長に近づいて信頼を得て、信長死後は秀吉に仕え、政務にも関与するようになる。豊臣政権では秀吉の意向や政策を各大名に伝え、大名と秀吉を取り次ぐ「取次《とりつぎ》」として活動。いわゆる外交官的な役割を担っていた。取次として影響力を強めた利休だったが、1591年、秀吉の怒りを買って切腹を命じられた。利休が寄進した大徳寺山門に利休の木像を飾ったことが原因とされるが、切腹の理由は明らかでない。

千利休

［1522-1591］装飾を排した侘び茶を大成。「利休七哲」ら多くの弟子を輩出した。

堺市博物館蔵

1600年 関ヶ原の戦いで徳川家康が石田三成を破る

関ヶ原の戦いが1日で終わってしまった理由とは？

徳川家康
[1542-1616] 関ヶ原の戦いに勝利したあとも、すぐに将軍にならず、就任したのは3年後だった。　大阪城天守閣蔵

小早川秀秋の裏切りが戦局を決定的に左右した

1598年に豊臣秀吉が死去すると、秀吉の遺児・**秀頼《ひでより》**が跡を継いだが、わずか5歳だったため、**五大老と五奉行が支える体制**がとられた。しかし、五大老の一人である**徳川家康**の存在感が高まり、豊臣政権で禁止されていた諸大名と婚姻関係を結んだり、大名への加増を単独で決めたりするなど、独断専行が目立つようになった。そのため秀吉恩顧の大名とのあつれきが生じるようになった。家康が反対派から襲撃を受けるなど、緊迫した情勢のなか、1600年に入ると**家康と上杉景勝《うえすぎかげかつ》との対立**が顕在《けんざい》化《か》した。景勝が勝手に城を築いたことを家康が咎《とが》め、上杉討伐の兵を挙げたのである。

家康が会津《あいづ》に出陣すると、豊臣政権の五奉行だった石田三成《いしだみつなり》・増田長盛《ましたながもり》・前田玄以《まえだげんい》らが中心となって反家康連合を結成した。彼らは**家康の弾劾状**を作成し、諸大名に送付した。これに応えて、島津義弘《しまづよしひろ》や毛利輝《もうりてる》元《もと》、宇喜多秀家《うきたひでいえ》、小早川秀秋《こばやかわひであき》らが大坂に集まり、景勝も反家康連合に加わった。

大坂の動きを知った家康は三成討伐を決め、東国の諸大名をまとめ上げて会津征伐を中止し、7月26日、軍を反転させた。しかし、家康反転の前に三成軍は家康方の伏《ふし》見《み》城を攻撃し、城主の鳥居元忠《とりいもとただ》が戦死し落城した。三成軍は美濃《みの》・尾張《おわり》方面に進軍し、反転してきた家康軍と激突し、三成方の織田秀信《ひでのぶ》が岐阜城の戦いで敗れた。9月1日には、家康が江戸を出陣し、全面対決が近づいた。家康は諸将に指示を出しながら西上し、三成方も真田昌幸《さなだまさゆき》が徳川秀忠《ひでただ》軍を破るなど、戦局は一進一退を繰り返した。

両軍は、京都に向かう交通の要衝である**美濃関ヶ原**に続々と着陣し、9月15日、ついに両軍が激突した。三成軍は総勢8万ほど、家康軍は7万～10万ほどだったといい、どちらも経験豊富な武将をそろえており、戦力的にはどちらが勝ってもおかしくはなかった。しかし、三成軍の**小早川秀秋が裏切って**家康方につくと、小早川軍が布陣する山麓に布陣していた脇坂安治《わきさかやすはる》、小川祐忠《おがわすけただ》らも家康軍に寝返った。1万を超える軍勢を集めていた小早川軍の離脱は大きく、午前中に始まった戦闘は午後1時前には終わったという。家康は、合戦前から秀秋を籠絡《ろうらく》しており、また家康方からは裏切り者を出さなかった。合戦前の情報戦で、家康が一枚上手だったともいえる。

歴史の流れ

五奉行・五大老制で
幼い豊臣秀頼を支える

▼▼

徳川家康が上杉景勝を
討伐するため会津へ

▼▼

石田三成らが挙兵
関ヶ原で決戦となる

天下分け目の関ヶ原の戦い

1450

1480

1510

1540

1570

1600

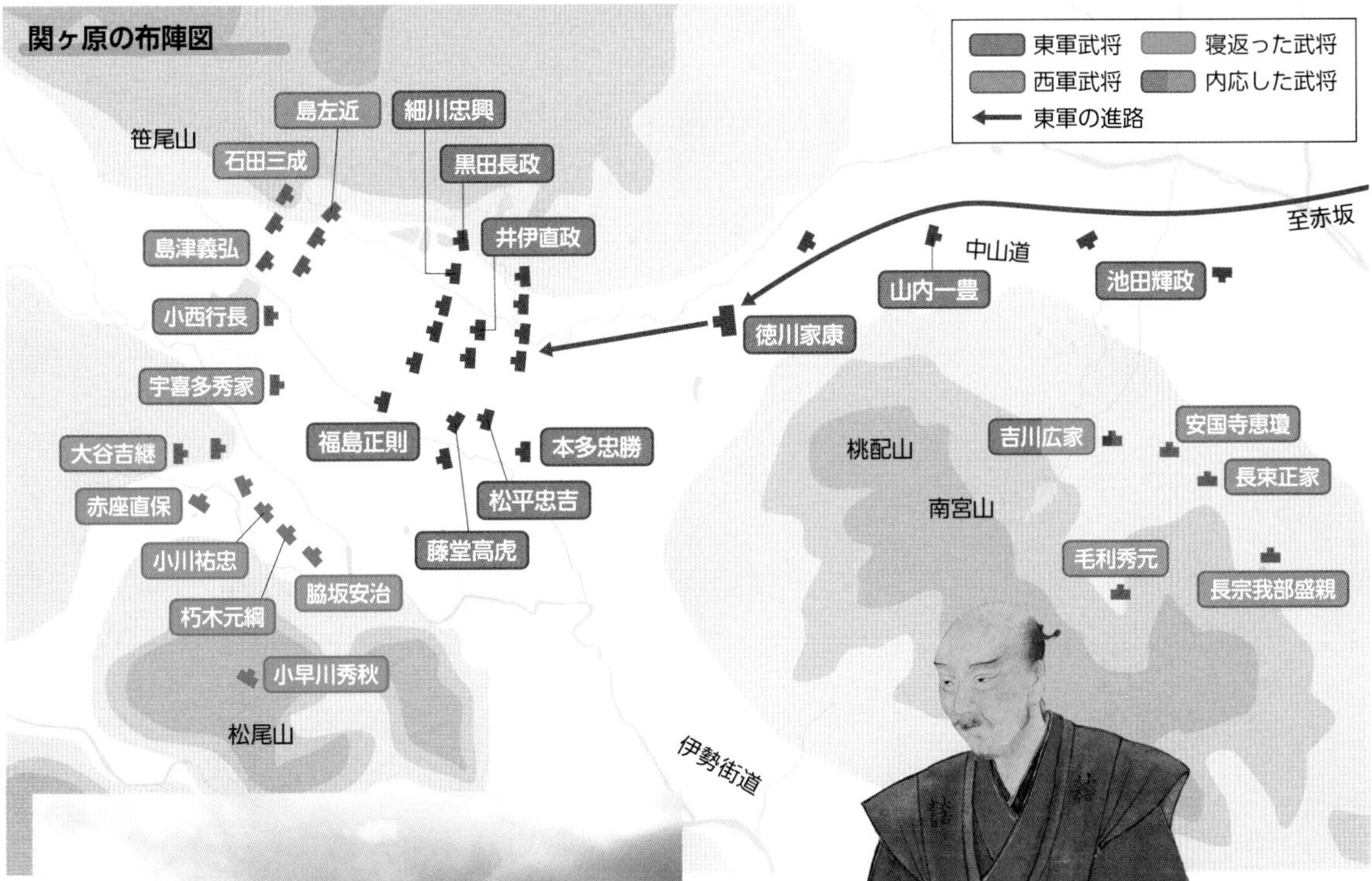

松尾山からみた関ヶ原

小早川秀秋が陣を構えた松尾山は、南北朝時代から利用されてきた山城の跡である。秀秋は関ヶ原決戦の前日に、他の武将が守っていた松尾山に押し寄せて陣取った。　岐阜県関ヶ原町

石田三成

[1560-1600] 石田三成は優秀な官僚で、秀吉への忠誠心も高かった。生真面目な性格ゆえ敵をつくることが多かったようだ。江戸時代には悪者にされることが多かったが、近年は再評価が進んでいる。　東京大学史料編纂所蔵（模写）

全国の出来事

関ヶ原の戦いは全国でも巻き起こる

関ヶ原の戦いと同時に、各地で両陣営による合戦が起こっていた。奥州では、西軍の上杉景勝に対し、東軍の最上義光《もがみよしあき》や伊達政宗《だてまさむね》が攻撃し、長谷堂《はせどう》城の戦いなどで上杉軍が敗れた。北陸では東軍の前田利長《まえだとしなが》と西軍の丹羽長重《にわながしげ》が戦い、前田軍が敗れたが戦線は膠《こう》着《ちゃく》し、本戦で家康軍が勝利したことで前田軍が勝利を収めた。

四国地方では、東軍の加藤嘉明《かとうよしあき》と西軍の毛利軍が激突。一時的に阿波《あわ》と讃岐《さぬき》は毛利軍に占拠された。九州地方では東軍の黒田官《くろだかん》兵衛《べえ》と加藤清正《かとうきよまさ》が奮戦し、杵築《きつき》城や臼杵《うすき》城を落としている。

黒田官兵衛

[1546-1604] 息子の長政は関ヶ原本戦に参加し、自らは九州で勢力を拡大させた。　東京大学史料編纂所蔵（模写）

1605年　徳川秀忠が征夷大将軍に就任

なぜ家康は就任2年で将軍職を秀忠に譲ったのか？

豊臣氏をけん制するために行われた二元政治

関ヶ原の戦いを制した徳川家康は、石田《いしだ》三成《みつなり》に味方した武将を処分するなど、戦後処理を行い、家康が豊臣秀吉に次ぐ天下人であることは誰もが認めるところとなった。そして1603年、家康は朝廷から**征夷大将軍**に任じられて**江戸に幕府を開き**、名実ともに武家の頂点に君臨する。

ところが、家康は1605年に、息子の**秀忠**《ひでただ》に征夷大将軍職を継がせるように朝廷に働きかけて実現させた。家康が将軍職についていたのはわずか2年。この時の家康は60歳で、「人生50年」といわれていた当時としては隠退してもいい年齢ではあった。

しかし、家康の狙いは、徳川氏による将軍の世襲を世間に知らしめるところにあったといわれる。当時は弱体化したとはいえ大坂に豊臣秀頼《とよとみひでより》がおり、秀吉の関白《かんぱく》就任によって豊臣氏は朝廷内では摂関家《せっかんけ》と同等の扱いを受けていた。秀頼は秀忠よりも高い官職についており、京では秀頼が次の関白になるといった風聞もやまなかった。家康にとって豊臣氏の存在は脅威だった。そのため、自分の子どもに将軍職を継がせることによって、徳川の天下であることを改めて世間に周知したのである。

将軍職を退いた家康は「**大御所**《おおごしょ》」（前将軍の呼称）と呼ばれ、駿河《するが》の駿府城を拠点とした。なお、駿府城は諸国の大名に命じて普請した城で、家康の権威を見せつけるものだった。家康は駿府に引きこもったわけではなく、実権は秀忠に手渡したものの、幕府の基盤が整うまでは家康が政治を主導する「**二元政治**」が行われた。これも、豊臣氏が大坂にいることを考慮し、江戸よりも大坂に近い駿河に拠点を置いたものと考えられる。駿府には政治や外交、寺社政策など、各分野に精通する有力者が集められた。学者の林羅山《はやしらざん》や僧侶の天海《てんかい》、外国人のヤン・ヨーステンなど、様々な分野で活躍する人々がいた。

家康の駿府政権は、1616年に家康が死ぬまで続いた。1615年に出された**武家諸法度**《ぶけしょはっと》**や禁中並公家諸法度**《きんちゅうならびにくげしょはっと》などの法令も、秀忠の名で制定されているが、起草したのは駿河の駿府政権だった。豊臣氏を滅亡に導いた大坂の陣も、実質的には駿府政権の主導のもと行われたのである。

歴史の流れ

徳川家康が将軍となり
江戸に幕府を開く

▼▼

**将軍職を秀忠に譲り
大御所として後見する**

▼▼

家康は駿府、秀忠は江戸で
幕府の権威固めを行う

徳川秀忠
[1579-1632] 武家諸法度を制定し、違反した多くの大名を処罰。幕府の権威を知らしめた。
東京大学史料編纂所蔵（模写）

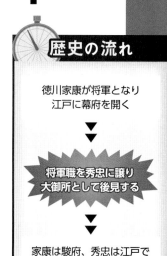

徳川家康と秀忠による二元政治

「江戸図屏風」
江戸城は権威を示すため将軍代替わりの際に建て直された。1607年に家康が築いた天守、1623年に秀忠が築いた天守、1637年に家光が築いた天守である。「江戸図屏風」に描かれた江戸城は、家光時代のものと考えられる。
国立歴史民俗博物館蔵

天海
[1536-1643] 家康のブレーンとして朝廷や宗教対策に従事した天台宗の僧。その影響力と黒染めの法衣から黒衣の宰相と称された。天海は明智光秀だとする説がある。
東京大学史料編纂所蔵（模写）

駿府城天守を載せた天守台の石垣
大御所となった家康が居城とした駿府城。天守は焼失して残っていないが、発掘調査から、駿府城天守を載せた天守台の大きさが日本一であることが判明し、江戸城より大きな天守を備えた城だった可能性がある。
静岡県静岡市

戦国を知る

徳川秀忠の「大坂幕府」構想

豊臣氏が滅亡するのと同時に大坂城も取り壊された。大坂は政治・経済の両面から重要な地であり、２代将軍・徳川秀忠は同地に新たな大坂城を築いた。そして、秀忠は大坂へ幕府を移転させようとしたとする説がある。伏見奉行・小堀遠州《こぼりえんしゅう》が藤堂高虎《とうどうたかとら》に宛てた1626年の書状の中で、「大坂城はゆくゆくは将軍の居城となるから、大坂城に庭石を献上したほうがいい」と書かれているのである。ただし、将軍の居城というのは、将軍が西国に行った際の居城とも考えられ、秀忠の大坂幕府構想については今後の研究が待たれる。

経済の中心である大坂は、江戸幕府が直轄領とした。　大阪府大阪市

1614年 大坂の陣が始まる

家康が難癖をつけてまで豊臣氏を滅ぼしたかった理由は？

家康の諱を梵鐘に刻んだ豊臣氏の失態

関ヶ原の戦いののち、豊臣氏は大坂を中心に65万石まで削減され、立場的には地方の一大名に没落した。しかし、かつての天下人としての威光は残っており、豊臣氏を慕う大名も少なからず存在した。家康は当初、2代将軍・秀忠《ひでただ》の娘・千姫《せんひめ》を豊臣秀頼《ひでより》に嫁がせる(1603年)など、**豊臣氏との共存を模索**したが、豊臣氏は家康の配下になることを拒否し続けた。秀頼は1611年に上洛してきた家康と会見したが誓詞《せいし》は提出せず、しだいに両者の確執は深まっていった。

そして1614年、京都の方広寺《ほうこうじ》を再建していた豊臣氏は、大仏殿の完成を機に開眼供養を行うことを家康に報告した。しかし、豊臣氏が新たにつくった梵鐘《ぼんしょう》に、「**国**《こっ》**家安康**《かあんこう》」の文字があることを家康が問題視した。「家康」は諱《いみな》であるが、当時、大名を諱で呼ぶことはなく、これが不敬にあたるとしたのである。また、諱を使ったばかりか、それを分けて使用したことも問題だった。豊臣氏は弁明のための使者を駿府に派遣したが、家康の怒りは収まらず、ついに両者は決裂した。

1614年10月11日、家康は駿府《すんぷ》城を出陣し、23日には二条城に入城した。一方の豊臣氏も開戦の準備に入り、長宗我部盛親《ちょうそかべもりちか》・毛利勝永《もうりかつなが》・真田信繁《さなだのぶしげ》・後藤基次《ごとうもとつぐ》など、関ヶ原の戦いに敗れて改易された武将が参集した。11月18日、家康は大坂の茶臼山《ちゃうすやま》に着陣して秀忠と合流、翌日、両軍が激突した。大坂城に籠城した豊臣軍は、真田丸《さなだまる》の戦いで真田信繁が奮戦して家康軍を破るなどの戦果は挙げたが、総合的には徳川軍の優勢だった。しかし、冬場の戦いと兵糧不足もあり、家康は豊臣氏に講和をもちかけ、12月20日、講和が成立した(**大坂冬の陣**)。

しかし、豊臣氏はあくまで家康へ臣従しようとせず、また豊臣方に参集した牢人たちが京阪で狼藉を働くなど不穏な情勢になったことで講和は破れ、1615年4月、両者は再び激突した。豊臣軍は局地戦では勝利した合戦はあったが、最終的には家康が勝利を収めた(**大坂夏の陣**)。前年の講和で大坂城は本丸以外の曲輪《くるわ》は破却され、堀も埋められてしまい、裸同然の城となっており、豊臣軍に勝ち目は薄かった。

5月8日、秀頼とその母・淀殿《よどどの》は自害し、大坂城は落城。一時代を築いた**豊臣氏は滅びた。**

方広寺の鐘

「国家安康」「君臣豊楽」と刻まれたことが、戦いの引き金の一つとなった。 京都府東山区

歴史の流れ

豊臣氏は徳川氏の臣下になることを拒否

▼

方広寺の鐘銘をきっかけに徳川家康は豊臣氏を挑発

▼

大坂の陣が起こり豊臣氏は滅びる

豊臣氏を滅ぼした大坂の陣

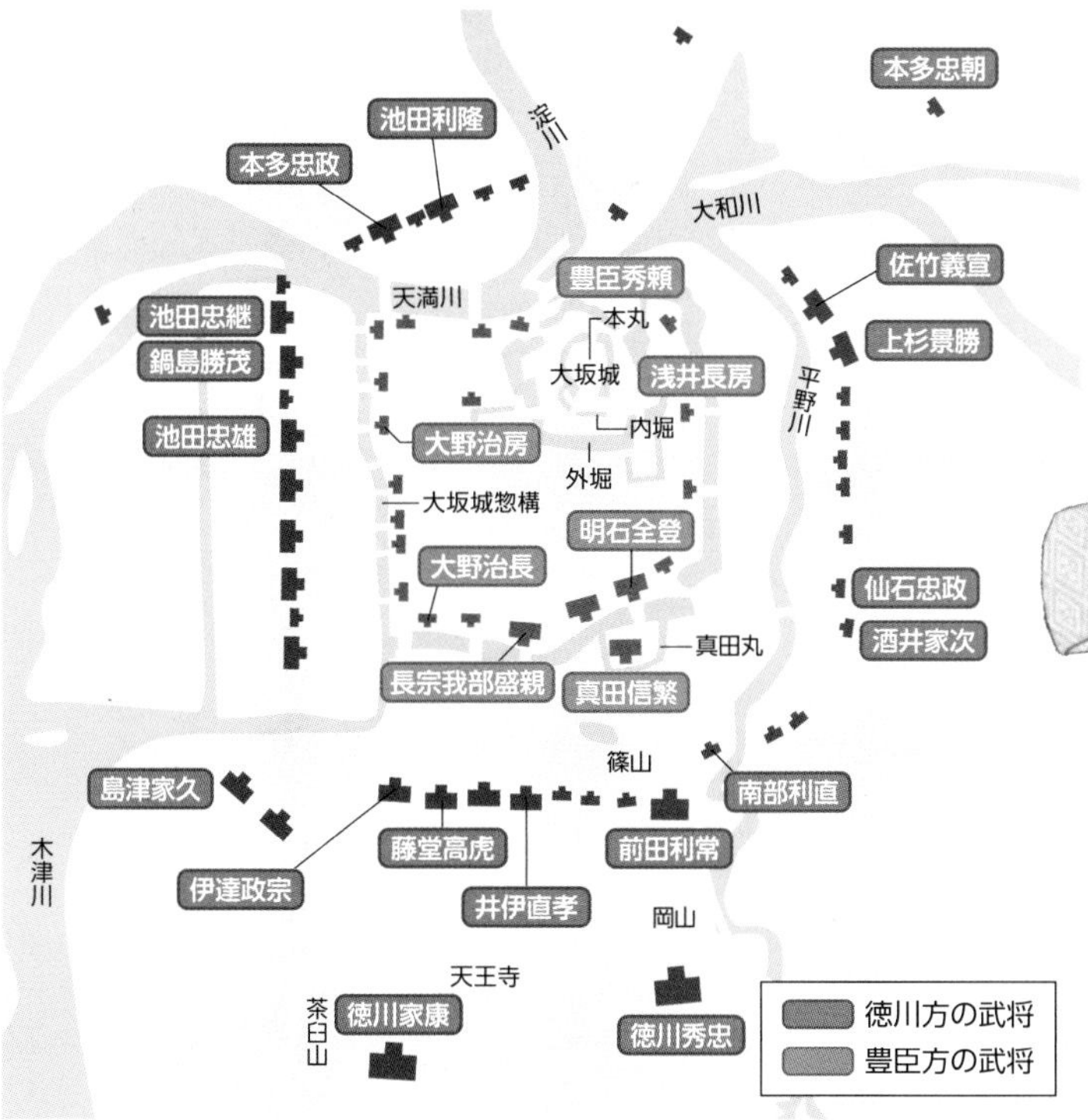

豊臣秀頼

［1593 ～ 1615］秀吉の次男。祖父の浅井長政の血を引き大柄だったと伝わる。

養源院蔵／東京大学史料編纂所（模写）

大坂冬の陣の布陣

20 万の徳川軍が大坂城を囲んだ。対する豊臣軍も 16 万を集めたといい、日本史史上、最大兵力同士の戦いとなった。

「大坂夏の陣図屏風」

大坂城の落城後、女性を生け捕りにする兵士たち。こうした行為は乱取りと呼ばれ、戦国時代にはよく行われた。　大阪城天守閣蔵

ライバル

家康に死を覚悟させた「真田信繁」

「幸村」の名で知られる勇将。豊臣政権下では人質として大坂に住み、秀吉からかわいがられたという。関ヶ原の戦いでは西軍に属し、戦後、高野山に蟄居《ちっきょ》となる。蟄居といってもわりあい自由にしていたという。その後に移った九度山《くどやま》で、豊臣方から参戦の誘いを受けて承諾し、大坂の陣に出陣した。冬の陣では真田丸を築いて家康軍を撃破する活躍を見せた。夏の陣では家康軍本隊に攻め寄せ、家康が本陣から逃げ出すという戦果を挙げたが、越前松平《えちぜんまつだいら》氏の軍との戦いで戦死した。

真田信繁

［1567-1615］信繁のふるさとの JR 上田駅前に立つ騎馬像。　長野県上田市

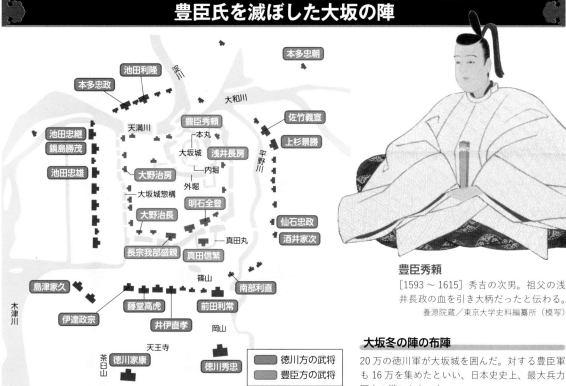

1615年 豊臣氏が滅びて元和偃武が到来

戦国時代はどのようにして終わっていったのか？

豊臣氏の滅亡により泰平の世が現出する

1615年の**大坂夏の陣**で豊臣氏が滅びると、徳川氏に対抗する勢力はいなくなり、大規模な武力衝突は起こらなくなった。戦乱の時代が終わり平和な時代が到来したということで、これを「**元和偃武**《げんなえんぶ》」という。「元和」は当時の元号、「偃武」は武器を収めるという意味である。

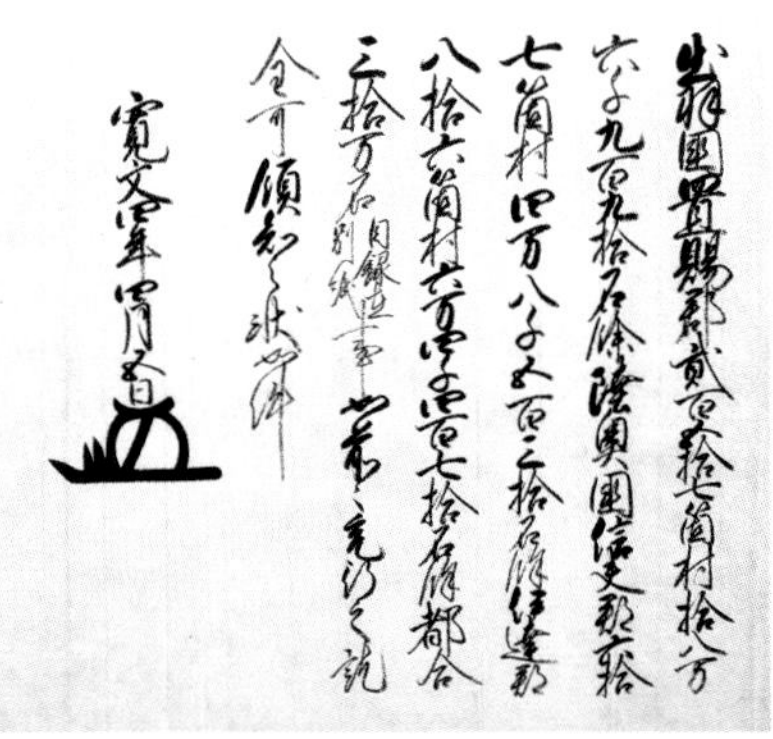

「徳川家綱領知宛行状」
徳川家綱が1664年に出した、上杉氏による30万石の領地支配を認めた書状。
米沢市上杉博物館蔵

名実ともに戦国時代が終わったわけだが、戦国時代がいつ終わったかには諸説ある。例えば、秀吉による奥州仕置きで全国の国分《くにわ》けに決着がついた時を区切りとする説や、関ヶ原の戦いを戦国時代の終わりとする説などがある。また、時代区分としては、織田信長が足利義昭《あしかがよしあき》を京都から追放し、実質的に室町幕府の機能が失われた時からを「**織豊**《しょくほう》**時代**」と呼ぶことが多い。

いずれにしても、大坂夏の陣後に大規模な戦闘がなくなり、泰平の世がおとずれることになる。しかし、戦乱の時代が終わったとはいえ、戦国の気風がすぐに消えることはなかった。1637年には、3万人以上の農民らが原城に立て籠もる大規模な一揆である**島原**《しまばら》**の乱**が起こった。幕府は12万もの兵力を動員して鎮圧した。

幕府の大名統制にも戦国の気風が残り、改易《かいえき》や減封《げんぽう》がたびたび行われ、多くの牢人《ろうにん》を生み出した。また、証人として大名から人質を提出させたり、主君が死ぬと殉死したりといった風潮も残っていた。

3代将軍・徳川家光《いえみつ》が死去した1651年、将軍の代替わりの混乱の隙を突いて**幕府転覆を計画**したとして、兵学者の由井正雪《ゆいしょうせつ》と牢人・丸橋忠弥《まるばしちゅうや》らが捕縛された。翌年には牢人くずれの軍学者・戸次庄左衛門《べつきしょうざえもん》による老中襲撃計画が未然に発覚し、逮捕された。幕府は、牢人が幕府転覆を謀ったことに危機感を募らせ、その後は牢人発生を防ぐ方向へ向かうことになる。

4代将軍・徳川家綱《いえつな》の治世では、**人質の廃止**と**殉死**《じゅんし》**の禁止**が決められ、家の断絶を防ぐ**末期養子**《まつごようし》**の禁**《きん》**も大幅に緩和**し、牢人の発生を防いだ。また、学問を推奨し各地に藩校《はんこう》が設立された。こうした政策が実を結び、また貨幣経済が発展したこともあり、やがて戦国時代の気風は薄らいでいき、5代将軍・徳川綱吉《つなよし》の時代には、町人を中心とした元禄《げんろく》文化が花開くことになる。

歴史の流れ

大坂の陣の終結により
徳川氏の時代となる

▼

牢人が大量発生し
社会問題を引き起こす

▼

学問を奨励するなど
戦国の気風が薄れていく

ゆっくりと戦国の気風が薄れていく

1450

徳川家綱時代の主な大名配置（1664年）

1480

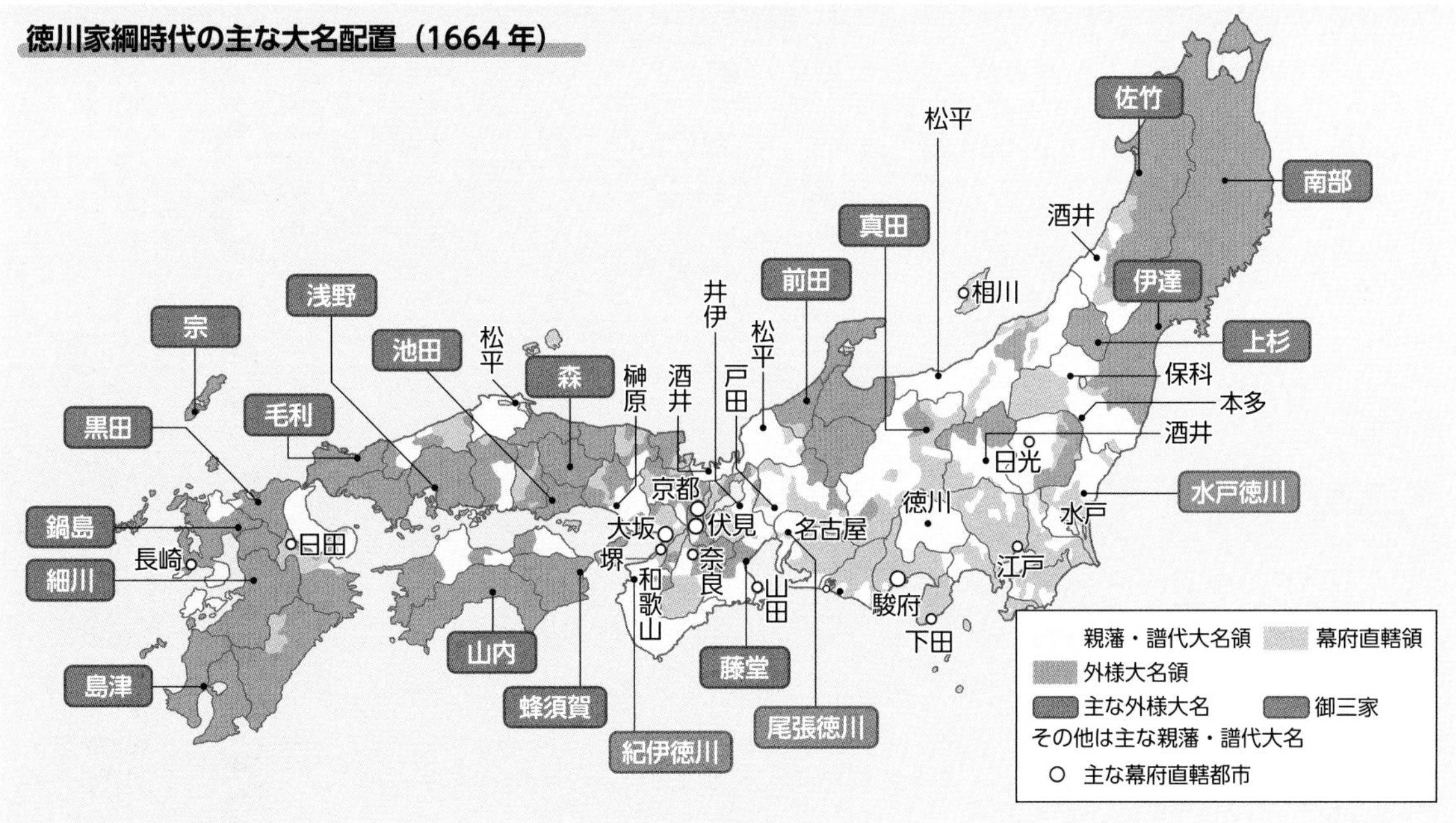

1510

1540

将軍家綱への代替わりにあたり、全国に領地支配を認める文書を発給したことを「寛文印知」という。所領安堵の手続きをシステム化したことにより、将軍による全国支配が確立したとされる。

山川出版社『詳説 日本史図録』の掲載図版をもとに作成

江戸幕府の主な職制

幕府の要職は親藩大名や旗本が任命され、外様大名はつくことができなかった。

1570

- 将軍
  - 大老　将軍に次ぐ幕府の最高権力者
  - 老中　政務を統括する
    - 大目付　大名の監察
    - 町奉行　江戸の行政・司法・警察
    - 勘定奉行　幕府の税徴収や財政運営を担当
  - 若年寄　老中補佐、旗本・御家人の統率
  - 寺社奉行　寺社の管理・宗教統制
  - 京都所司代　朝廷・公家・寺社の監察

石高ランキング（1664年）

元々国持ち大名が多い外様は石高が高く、徳川将軍家の親戚である親藩や譜代の家臣である譜代大名は石高が低かった。

1	加賀藩前田	103万石
2	鹿児島藩島津	73万石
3	仙台藩伊達	62万石
3	尾張藩徳川	62万石
5	紀州藩徳川	56万石
6	熊本藩細川	54万石
7	**福井藩松平**	53万石
8	福岡藩黒田	43万石
9	広島藩浅野	38万石
10	長州藩毛利	37万石

※石高は四捨五入

1600

戦国を知る

江戸を騒がせた「かぶき者」

戦国時代の気風が残っていた江戸時代初期、異様な風体や振る舞いをする者が町を闊歩《かっぽ》していた。こうした人々は「かぶき者」と呼ばれた。「かぶき」とは漢字で書くと「傾き」となり、かたよった風俗や行動のことを「傾く」といった。その多くは主家を失った牢人や没落した在地領主、武家の奉公人で、時に一般市民に暴行を働くこともあった。戦国の気風が薄れ、町人文化が発展すると、かぶき者は徐々にすたれていったが、その風俗は残され、「伊達者《だてもの》」と呼ばれる風俗に受け継がれた。

描かれているのは男装した女性だが、かぶき者はこのような派手なファッションを好んだ。　東京国立博物館蔵

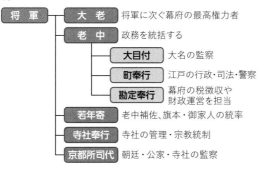

【企画・編集】
かみゆ歴史編集部（滝沢弘康・丹羽篤志）

【執筆】
上永哲矢（P6～45）、さなださな（P46～67）、水野大樹（P68～95）

【装丁・デザイン・図版】
株式会社ウエイド（山岸全・渡辺信吾）

【校正】
株式会社聚珍社

【写真協力】
久米南町教育委員会、西之表教育委員会、Colbase、PIXTA、photolibrary、Shutterstock

オールカラー 図解 流れがわかる戦国史

2022年6月23日　第1刷発行

編 著 者　かみゆ歴史編集部
発 行 人　松井 謙介
編 集 人　長崎 有
企画編集　早川 聡子
発 行 所　株式会社　ワン・パブリッシング
〒110-0005　東京都台東区上野3-24-6
印 刷 所　凸版印刷株式会社
製 本 所　古宮製本株式会社

●この本に関する各種お問い合わせ先
本の内容については、下記サイトのお問い合わせフォームよりお願いします。
https://one-publishing.co.jp/contact/
不良品（落丁、乱丁）については　Tel 0570-092555
業務センター　〒354-0045 埼玉県入間郡三芳町上富 279-1
在庫・注文については書店専用受注センター　Tel0570-000346